华东师范大学第二附属中学·校本教材

看的姿态

视觉文化研究导论

鲁 易◎编著

华东师范大学出版社

图书在版编目（CIP）数据

看的姿态：视觉文化研究导论/鲁易编著. 一上海：华东师范大学出版社,2018
ISBN 978－7－5675－8066－4

Ⅰ.①看… Ⅱ.①鲁… Ⅲ.①视觉艺术一中学一教材
Ⅳ.① G634.950.1

中国版本图书馆 CIP 数据核字（2018）第 170205 号

看的姿态——视觉文化研究导论

编　　著　鲁　易
策划组稿　王　焰
项目编辑　王国红
特约审读　李　鑫
责任校对　张　雪
装帧设计　卢晓红

出版发行　华东师范大学出版社
社　　址　上海市中山北路 3663 号　邮编 200062
网　　址　www.ecnupress.com.cn
电　　话　021－60821666　行政传真 021－62572105
客服电话　021－62865537　门市（邮购）电话 021－62869887
地　　址　上海市中山北路 3663 号华东师范大学校内先锋路口
网　　店　http://hdsdcbs.tmall.com/

印刷者　杭州日报报业集团盛元印务有限公司
开　　本　787×1092　16 开
印　　张　11
字　　数　153 千字
版　　次　2018 年 9 月第 1 版
印　　次　2018 年 9 月第 1 次
书　　号　ISBN 978－7－5675－8066－4/J·364
定　　价　36.00 元

出 版 人　王　焰

目　录

前　言

这道光线是否能够

还给我们一整个世界?

或者那新的阴影

颤动而温柔。

——里尔克

约翰·伯格曾言:"观看先于文字而产生。孩童在言说之前就能观看且认识事物。"确实,人类的眼睛可以探查精微的细节,分辨缤纷的色谱。两眼并用,实现交叠,还可确定视野的深度。然而,视觉虽是自然赋予的,我们平时看事物、看世界的方式却被彻底"文化化"了。

"文化"既可以被理解和分析为一个文本,又可以被视作一种生活方式。作为文本,视觉文化研究关注那些通常被认为是经得起看的、受欢迎的对象(绘画、照片、电影、戏剧、时尚等)和制造这些东西的技术(铅笔、蜡笔、35毫米摄影机等)。作为生活方式,视觉文化指向任何一个人群所拥有的生活中的一个向度,每一种文化都为它的成员提供了一种应对事物的解码方式。

我们在艺术面前观看,在生活内部观看,看的姿态也同样是一种文化,这种文化是隐匿的,需要我们反思与发现。通过这种"看的姿态",视觉艺术中的绘画、摄影、戏剧、电影,乃至广告、行为艺术等成为我们探究的媒介,而视觉艺术所形成的多种文化现象、美学理念则成为我们研究的对象。

本课程更重视方法论层面的指导,希望提供给学生更多的思考维度。

在高校,哲学系的学生需要学习自古希腊以来所有的理论,而学科学的学生则需要学习最前沿、最新的科学成果。为何?试想古希腊数学家与如今的小学生同时解题,说不定前者要甘拜下风。科学,需要我们紧跟时代,了解更便捷的计算方式、更贴近事实的真相。而哲学,或者说文科,需要我们尽可能多地学习思考方式与思考角度,真理会在每一次思考中逐渐向我们靠近。

第一篇　艺术类型

第一讲　摄影（上·文化特性）

■ **本讲课时**

2 课时

■ **重点与难点**

绘画与摄影之特性的比较探究。

■ **课前热身**

以下为 2014 年广东高考作文题，你觉得题干中出现了哪些问题？

黑白胶片的时代，照片很少，只记录下人生的几个瞬间，在家人一次次的翻看中，它能唤起许多永不褪色的记忆。但照片渐渐泛黄，日益模糊。

数码科技的时代，照片很多，记录着日常生活的点点滴滴，可以随时上传到网络与人分享。它从不泛黄，永不模糊，但在快速浏览与频繁更新中，值得珍惜的"点滴"也可能被稀释。

要求：

1. 自选角度，确定立意，自拟标题，文体不限。

2. 不要脱离材料内容及含义的范围。

3. 不少于 800 字。

4. 不得套作，不得抄袭。

1. 探索发现

请你尝试在一张白纸上作画,画完后用照相机或手机拍摄下来。如果该画与照片,你只能择其一留存,你会选择哪一个? 为何? 请由此问题开始,探索绘画与摄影在特质上的差异,尝试填入以下表格:

绘 画 之 特 性	摄 影 之 特 性

2. 摄影之特质

(1) 精确性

摄影与绘画,究竟哪一种更"真实"?

或许支持摄影方会说,摄影记录现实、还原现实。当我们看到记录 20 世纪非洲难民生活的影像,看到本应容貌艳丽的妇女们却面容憔悴,本应该活泼可爱的男孩像一个骷髅,可以看出那些摄影师是怀着深深的同情去拍摄这些镜头的。他们说:"我们从事摄影这项艰苦工作的目的,就是要引起人们对问题的重视和讨论"。

是的，因为"真实"，所以引发关注与讨论。

而支持绘画方则言，画作可以拿在手中，抚摸其凹凸不平的质地，感受绘画者匠心的留痕。这便是画作之"真"。

由此，我们不难看出"真"这一语词的多解性与模糊性。其实，绘画之"真"在于原作的唯一性、不可复制性。而摄影之"真"在于艺术品对自然现实的还原程度。我们不妨换一个语词描述，即"精确性"。

（2）跨界性——兼具三种人类活动的特性

康德将人类活动分为三类：美学的（审美的）、科学的（认识论的）、商业的（实际的）。而摄影恰好三者兼具。比如在医疗行业，摄影技术被广泛使用，辅助医疗活动顺利进行。又如新闻摄影既报道现实、服务于社会，又具备美学价值，普利策大奖作品可为一证。

（3）通感性——符合观者对多维度感知的需求，由精确性衍生而来

2012年，美国摄影师吉米·希基针对"金钱至上"引发的人格问题拍摄了一组行为艺术照片，他用美元缝制成一件从头罩到脚的"钱衣"，暗喻全身都散发出铜臭味。试想，吉米为什么用摄影而非绘画的形式呈现这一场景，效果会有何不同呢？

显然，运用摄影效果会更好。当我们清晰地看到吉米·希基穿着"钱衣"驻足于镜头前时，那全身的铜臭味似乎扑面而来。我们甚至可以感觉到皮肤触碰到张张钱币时的摩擦感、穿上整套"钱衣"的负重感……这些感官因"视觉"体验之精确而打开并贯通、融合。

3. 摄影之功能解读

（1）侵略性、权威性

摄影已变成体验某些事情、表面上参与某些事情的主要手段之一。一幅全页广告显示：一小群人挤着站在一起，朝照片外窥望，除了一人外，他们看上去都惊讶、兴奋、苦恼。那个表情特别的人，把一部相机举到眼前，泰然自若。那个拥有一部相机的人变成某种主动的东西，变成一个窥视者——只有他控制局面。这些人看见什么？我们不知道，而这并不重要。那是一次事件，是值得一看，因而值得拍照的东西。在镜头前，年轻人的放浪形骸、殖民地战争和冬季体育活动是相同的——它们都被相机平等化了。拍照与世界的关系，是一种"慢性窥视癖"的关系，它消除所有事件的意义差别。

一张照片不只是一次事件与一名摄影者遭遇的结果，拍照本身就是一次事件，而且是一次拥有更霸道权利的事件——干预、入侵或忽略正在发生的无论什么事情。我们对情景的感受，如今要由相机的干预来道出。相机确认了一个事件的价值与合法性。这反过来很容易使人觉得，任何事件，一旦在进行中，无论它有什么道德特征，都不应干预它，而应让它自己发展和完成。这样，就可以把某种东西——照片——带进世界。事件结束后，照片将继续存在，赋予事件某种不朽性和重要性。当真实的人在现实世界中经历生老病死时，摄影师留在镜头背后，创造另一个世界的一个小元素，那另一个世界，是竭力要活得比我们大家都更长久的影像世界。

（2）同一性、平等性

当弱势者得到相机，它成为一种提供"平等"之可能的武器。我们常见到"照相维权"行为——地铁上路遇不平，眼看敌不过对方恶言相向，体格也不如对方强健有力，相机在手则可以使受害者将暴行记录下来，寻求法律的庇护。在外就餐碰到无良店家，将钢丝球下饭、使不明物入锅，拿出相机，点按快门，存留证据以待投诉。

对观看者而言，摄影实现了"看"的同一与对等。天地者，万物之逆旅，光阴者，百代之过客。天地自然始终在观照着我们，而我们何尝有"回看"的力量？"摄影"正是强调了这种"回看"。正如辛弃疾词中所言："我见青山多妩媚，料青山、见我应如是。"诗人借由文学"回看"，而大众借由"摄影"实现自我与世界的对话。

（3）在场性与道德两难

南非摄影师凯文·卡特曾凭借作品《饥饿的苏丹》获得1994年普利策新闻

特写摄影奖,但该作品随即引发舆论争议。1994 年 7 月 27 日,年仅 33 岁的凯文·卡特在南非东北部城市约翰内斯堡用一氧化碳自杀身亡。

《饥饿的苏丹》拍摄了一位苏丹女童,即将饿毙跪倒在地,而兀鹰正在女孩后方不远处,虎视眈眈,等候猎食女孩。这张照片于 1993 年 3 月 26 日被美国著名大报《纽约时报》首家刊登。接着,其他媒体很快将其传遍世界,在各国引起强烈反响。当时凯文·卡特静静地在那儿等了 20 分钟,并选好角度,尽可能不让那只兀鹰受惊,待兀鹰展开翅膀,拍了最佳镜头。拍摄完毕后,凯文·卡特赶走了兀鹰,注视着小女孩继续蹒跚而行,然后坐在树下,点起一支烟,念着上帝的名字放声恸哭。西尔瓦回忆当时的情景时说:卡特不停地嘟嚷着想要拥抱他的女儿。起初人们看到卡特的照片,因这难忘的一瞬而动容。但转而,人们开始质疑卡特,认为他只顾拍摄,不去救助,任由那个无辜孱弱的女童置身于危险之中。

当照片出现的时刻,即是镜头背后摄影师出现的时刻。摄影本身不断暗示或明示着摄影者的在场。而在场的他必须选择——是记录,还是干预?事实往往是:干预就无法记录,记录就无法干预。

■ **课后训练**

寻找一位身边喜欢摄影的朋友或家人,跟他们交流一下彼此对于摄影的看法,可适当分享课上的内容,听听他们的见解。

■ **参考回答**

课前热身题——

数码照片也会变旧,也会模糊。数码照片储存不当或储存设备变换,照片也会遗失、删除。数码摄影随科技进步逐渐提升像素值,早期数码相片在今人看来已是"模糊"。

■ **延伸阅读**

苏珊·桑塔格:《论摄影》,黄灿然译,上海译文出版社,2010 年版。

阮义忠:《二十位人性见证者——当代摄影大师》,三联书店,2006 年版。

第二讲 摄影（下·典型行为）

■ **本讲课时**

1 课时

■ **重点与难点**

全面分析与摄影相关的行为活动,并探究其背后的文化内涵。

■ **课前热身**

你们家会定期拍全家福吗? 你觉得该行为有何心理动因?

■ **教学环节**

1. 典型摄影行为探究

（1）全家福摄影

全家福摄影并不鲜见,其背后有何文化意味呢?

通过这些照片,每个家庭都建立了本身的肖像编年史。随着核心家庭这一独立封闭的单元从规模大得多的家族凝聚体中逐渐分裂出来,全家福摄影象征性地维系起亲族生活的和睦性。

此外,全家福摄影也反映了当下现代人的怀旧情结。人们通过全家福试图建立自身与过去、与某个情感共同体的联系。时代在急速变化,某些情感和记忆可能会因事物的变迁而无处安放,进而丧失个人与集体记忆的联系。时间是不可逆的,失去的一切无法挽回,这折磨着身处时代旋涡中的每一个人。此时"怀旧"便会以防卫机制的形象出现,它是医治时代心理症候的"偏方"。而全家福摄影所隐含的怀旧情结,非反思型怀旧,仅为修复型怀旧。娱乐产业推销的怀旧物品异常丰富,其大部分都是现成商品,反映出一种对过去的难以遏制的向往以及无法对时间进行商业化的恐惧。归根结底,怀想这一观念本身就具有某种虽然过时却依然令人愉快的内涵——我们都渴望延长自己的时间,这一"延长"不仅在于未来,还在于全家福摄影所承载的"过去"。

(2) 旅行摄影

试讨论:人们为何喜欢在旅行时拍照?你是否支持?

摄影意味着对视角的选择。它是被捕捉的经验,是一种再造的艺术。没有摄影的风景,只是自在的风景;有了摄影的风景,则是"我的"风景。就如文字中有了苏东坡的赤鼻矶,从此东方得既白、庄周梦孤鹤。通过摄影,人们"占有"客体世界,你不能拥有现实,但你能拥有影像。你不能拥有现在,但你能拥有过去。通过摄影,人们还参与了一个人或一个物体的消亡性。

试讨论:即使遍地都是该地的照片,即使照片里没有自己,即使自己拍摄的照片远没有实物美,人们还是要不停地拍摄旅行照片,为何?

苏珊·桑塔格在《论摄影》中指出,人们通过旅行摄影核实经验,并且同时拒绝经验。摄影在我们的生活中逐渐创造了一种新的"经验的样式",从旅行的样式到生活的样式乃至思维的样式都囊括在这一经验的样式之中。摄影甚至重新定义了知识和信息。摄影暗示,如果我们按摄影记录的世界来接受世界,那我们就理解世界。但这恰恰是理解的反面,因为理解始于不把表面上的世界当作世界来接受。

人们需要由照片来确认现实和强化经验,这乃是一种美学消费主义,人们对此都乐此不疲。工业社会使人们患上影像瘾,这是最难以抗拒的精神污染形式。强烈渴求美,强烈渴求终止对表面以下的探索,强烈渴求救赎和赞美世界的肉身——所有这些情欲感觉都在我们从照片获得的快感中得到确认。但是，其他不那么放得开的感情也得到表达。如今人们患上了摄影强迫症——把经验本身变成一种观看方式。最终，拥有一次经验等同于给这次经验拍摄一张照片，参与一次公共事件则愈来愈等同于通过照片观看它。19世纪最有逻辑的唯美主义者马拉美说："世界上一切事物的存在，都是为了在一本书里终结。"如今我们可以说，一切事物的存在，都是为了在一张照片中终结。

2. 延伸问题

摄影是一门艺术吗？在思考这一问题前，我们不妨先想想：艺术品的本质究竟是什么。

你觉得艺术品需要具备哪些特性？艺术品必须具备劳动值吗？王羲之临池学书，苦心孤诣，充分投入劳动值，得到今人称颂。艺术品需要具备技术性吗？最早的艺术家其实是手工艺人。艺术创作似乎是一门手艺，有其门槛。艺术品必须是美的吗？艺术品应该表达出作者某种思想或意图吗？

如果你同意以上观点，那不妨再来看看杜尚的艺术作品。

（请授课教师在课上展示杜尚的《泉》）

1917年，马塞尔·杜尚的《泉》改变了艺术史的进程。他从五金店买来一个男用小便池，起名为《泉》，并匿名送到独立艺术家展览，要求将其作为艺术品展出，成为现代艺术史上里程碑式的事件。《泉》不过是一个小便池，显然，它不美，它也不具备劳动值（购买所得），它更没有技术含量（该物件非杜尚打造）……但它却是艺术品，它在艺术史上被认可，并影响了一代又一代艺术家。如今，杜尚被誉为"20世纪实验艺术的先锋"、"现代艺术的守护神"。恐怕，艺术品的核心意义，或者说其本质正是——颠覆人们固有的观念。正如杜尚的《泉》，颠覆了20世纪前人们对艺术品最常见的想象、最普遍的评价标准。

3. 世界摄影史概况

摄影作为一种较新的艺术表现形式,只有大约两百年的历史。较之于其他更加经典的艺术门类,它更加依赖科技的进步:如果没有照相机的发明,就不会有摄影。此外,不论我们想要通过摄影表达何种思想,我们所拍摄的内容、处理的素材,永远只能来自外部世界。摄影,是一种借助于照相机,通过捕捉、加工客观事物的影像,来表现人类想法的艺术表现形式。这是它所受的限制,也决定了它的特点。

摄影史的发展,根据摄影技术的发展历程,大致可以分为三个阶段:(1)摄影术诞生;(2)摄影术基本成熟;(3)新技术的加入。在每个阶段中,人们凭借当时的摄影术,从各自的需求出发,以各式各样的风格,拍摄当时的社会现实,反映自己的思考和感受。在摄影中,人、技术、现实,这三者之间的关系,比起其他艺术门类,是更加显而易见的。

(1)摄影术的诞生与最初的流行(19世纪30年代—19世纪70年代)

1826年,法国人尼埃普斯(Joseph Nicéphore Nièpce)在前人经验的基础上,以涂有沥青的玻璃板为感光材料,拍摄了世界上第一张照片。1937年,法国画家达盖尔(Louis-Jacques-Mandé Daguerre)发明了"银版摄影法",又名"达盖尔摄影法",标志着摄影术正式诞生。这种方法用铜板作为片基,光敏银作为感光材料,有完整的显影和定影工艺,成像精致细腻。但银版法成本较高,价格也很昂贵,且照片只有一张,无法复制。1841年,英国人塔尔博特(William Henry Fox Talbot)发明了"卡罗摄影法",用纸片做片基,先制作负片,再制成相片正片。这种方法成像粗糙,但是成本较低,还可以对照片进行扩大、裁剪等加工,因而受到欢迎。正负片的工艺也一直沿用到胶卷时期。到了50年代,蛋白相纸和火棉胶湿版法出现,进一步提高了成像质量,缩短了相片制作时间。摄影开始在世界范围内传播开来。

摄影最早的拍摄对象，主要是人像和风景，并以人像居多。这个时期对于人像摄影的要求，类似文艺复兴对肖像画的要求：既要形似，又要表现人物的内心。期间较有代表性的摄影师是希尔（David Octavius Hill）和亚当森（Robert Adamson）这一对搭档。他们使用自然光源，用光照效果表现被摄人物的神态和动作，比如 1845 年的《宾尼小姐们和门罗小姐》（*the Misses Binny and Miss Monro*）便是名作。

与此同时，纪实类摄影也开始兴起和发展。摄影师们拍摄了大量自然风光、风土人情，以及科学进展等，既开拓了人们的眼界，也留下了珍贵的图片档案。美国内战时期，摄影师还奔赴战场进行拍摄，这些照片产生了巨大的社会影响力。奥沙利文（Timothy H. O'Sullivan）于 1863 年拍摄的《死亡的收获》（*A Harvest of Death*）便是其中的代表作。

伴随印刷术的发展，相片被制成印刷品，摄影也开始参与新闻报道。1865 年，加德纳（Alexander Garder）用一系列照片，完整地记录了刺杀林肯的共犯被执行绞刑的过程，成为新闻摄影的先驱。

1853 年，英国皇家摄影学会成立，成为世界上第一个摄影协会。

在摄影术诞生的最初几十年中，摄影被认为是对真实世界的可靠反映，"真实"是摄影的首要任务。而随着摄影技术的进步、摄影的普及，以及摄影文化的积累，摄影的观念也随之发生变化。

（2）摄影术的成熟与现代摄影（19 世纪 70 年代—20 世纪 80 年代）

19 世纪最后三十年到 20 世纪初，是摄影技术飞速发展的时期。人们进行了各种尝试，比如从空中拍摄照片、使用人造光源、对运动中的事物进行拍摄等。到了 1900 年，感光材料的三大主流技术——干版、安全片基、胶卷，以及照相机的三个核心技术——焦点平面快门，光阑光圈，单、双镜取景成像，已经全部发展成熟了。到了 20 世纪 20 年代，彩色照片也已经能得到令人满意的质量，相机的尺寸也大大缩小，现代摄影技术基本定型。摄影在全世界流行开来。

与此同时，人们除了关心摄影的内容之外，也开始关心照片的形式，或者说风格。事实上，我们可以从关注点的不同，区分出两种摄影的取向：一种注重内容，另一种注重风格。虽然内容和风格永远互相交织，但不同的倾向，意味着不同的发展轨迹。注重内容的多为纪实类摄影,注重风格的摄影作品,则能更好地体现摄影观念的发展。

a. 纪实类摄影

早期的纪实类摄影,主要是自然主义风格,如纪实类摄影代表人物爱默森(Peter Hnery Emerson),其纪实照片大多冷静、客观、克制,试图抓住具有代表性和决定性的一瞬。纪实摄影的精髓,并不在于拍出自然界的美感,而在于对社会时事的真实记载和报道。较早的,有记录克里米亚战争的罗杰·芬顿(Roger Fenton),记录南北战争的马修·布雷迪(Mathew Bradys),后来则有关注社会底层的雅各布·里斯(Jacob Riis),关注日常生活的罗伯特·杜瓦诺(Robert Doisneau),记录美国农村面貌的多罗西娅·兰格(Dorothea Lange),进行了多项深入专题摄影的尤金·史密斯(Eugene Smith),提出"决定性瞬间"概念的布列松(Henri Cartier-Bresson),"关心生命"并殉道战场的罗伯特·卡帕(Robert Capa)等。他们的努力,使纪实摄影一度成为摄影的主流。

此时,摄影已经不单是个人或者小团体的活动,事实上,上面提到的许多摄影师都服务于某个项目、某个组织或某个杂志。其中既有美国农业管理局(FSA)在美国大萧条之后发起的摄影项目,也有摄影师自己结成的玛格南图片社(Magnum Photos),还包括各家畅销画报如《生活》、《巴黎竞赛画报》和《明星》周刊等。《生活》画报最畅销时曾卖出800万份,可见其中的商业价值。

到了20世纪60年代,电视机逐渐普及,纸质媒体地位衰落,但纪实摄影依然发挥着自身的价值。

b. 现代摄影观念的发展

在审美规范上,摄影最早是向绘画看齐的,这种尝试被统称为"画意摄影"。比如雷兰德(Oscar Gustave Rejlander)的名作《人生的两条道路》(*The two ways of life*)。19世纪60—80年代的摄影师,遵循着文艺复兴时期反映人物内心诉求的原则,代表人物有纳达尔(Nadar)和卡梅伦(Julia Margaret Cameron)等。

19世纪60年代中期,印象主义也影响了画意摄影,带有相同追求的摄影师聚集到一起,组成了第一个有明确风格主张的摄影组织:连环社。连环社主要拍摄人像与自然风光。

1908 年,位于纽约的连环社分社"摄影分离派"与总部决裂。以斯蒂格里茨(Alfred Stieglitz)、斯肯泰(Edward Steichen)、斯特兰德(Paul Strand)为代表的摄影师们,开始把镜头对准城市生活,试图发现专属于摄影的意义和价值,以摄影的特性为出发点,发掘属于摄影的美感,同时追求个体意志的表达。摄影由此呈现出现代性特征。

20 世纪 30 年代,f64 小组成立。"f64"意味着小光圈,代表着对高清晰度和曝光的重视。f64 小组的成员,试图利用摄影远优于绘画和肉眼的清晰度,展现人们所能注意到的世界和人们"看不见"的世界。韦斯顿(Edward Weston)可以说是其中的代表,他的《贝壳》(Nautilus)、《卷心菜叶》(Cabbage Leaf)、《青椒 30 号》(Pepper No. 30)等作品,通过高精度的特写,把这些物品从日常生活中抽象出来,营造了独特的陌生感。对于精确成像的追求,必然意味着追求更可控的曝光技术,亚当斯(Ansel Adams)发明的"区级曝光系统",可谓曝光控制的典范。他的《玫瑰与浮木》(Rose and Driftwood)、《月亮与半圆山》(Moon and Half Dome)、《月升》(Moonrise)都是教科书般的作品。

摄影虽然一直在探索自身的道路,但它也处于时代的艺术潮流之中,印象主义之后的各种艺术流派也同样影响着摄影。最重要的有莫霍利·纳吉(Laszlo Moholy Nagy)和曼·雷(Man Ray),前者的摄影吸收了较多抽象主义元素,后者的作品则受超现实主义的影响。

此外,步入 20 世纪之后,摄影除了作为一门艺术而发展外,也在商业道路上愈走愈成熟。商业摄影的三个领域——人像婚纱、时装、广告中,涌现出大量的知名摄影师,如桑德(August Sander)、尤素福·卡什(Yousuf Karsh)、让卢普·西埃夫(Jean-loup Sieff)等。

(3) 新技术的加入和后现代主义摄影(20 世纪 80 年代至今)

1981 年,索尼公司发明了磁录照相机,20 世纪 90 年代发明了数码相机,摄影技术发生了根本上的变化。如今,只要拥有一部手机,每个人都可以进行拍摄。摄影不仅省去了暗房冲洗,更迎来了新的后期加工方式,以 Adobe 公司开发的 Photoshop 为代表,电脑软件使照片能够拥有更丰富的效果,而摄影与绘画的界限也随之变得模糊。

此外,除了之前提到的风格以外,后现代主义思潮也反映在摄影中,出现了大量以否定现代主义为主旨的作品。比如南·哥丁尔(Nan Goldin)的《性依赖叙事曲》(*The Ballad of Sexual Dependency*),通过拍摄个体的私密事件,否定了纪实摄影作为公共传播媒介的使用价值。

不可否认的是,摄影已经变成人们生活必不可少的一部分。我们通过摄影记录、反思、创作,它既是记忆,也是镜子。

■ **课后训练**

想想还有哪些与摄影相关的典型行为,请择其一,探究其文化内涵。

■ **延伸阅读**

内奥米·罗森布拉姆:《世界摄影史》,包甦等译,中国摄影出版社,2012年版。

布鲁斯·巴恩博:《摄影的艺术》,樊智毅译,人民邮电出版社,2012年版。

第三讲 绘画（上·鉴赏要素）

■ **本讲课时**

1 课时

■ **重点与难点**

学习并运用七种鉴赏角度进行绘画鉴赏。

■ **课前热身**

老师课前选择一幅绘画作品作为示例,请学生尝试分析此画优劣,进而总结分析的角度。

■ **教学环节**

1. 线条

线条即指移动的点所经过的路线。如果说语素是语言中最基本的语音结合单位,那么,线条恐怕是绘画中最基本的单位了。凯特·哈林用粗犷的线条勾勒雄性人鱼的模样,无须精雕细琢,寥寥几笔即能传递所思,一如中国古代的甲骨文,一个"又"字即绘出手之侧面。20 世纪的艺术大师走出绘画的纸布镜框,依旧要仰赖线条来表达所思所感,朱迪·普法夫的《圈啊圈》即是一证,钢管、铝管组成的动线飞舞腾挪,让线条从二维空间延伸入三维。

（1）衣褶线条比较

法国沙特尔大教堂融合了12世纪的罗马风格和中世纪的哥特式风格。同学们可以在网络上查找相关照片,看看能否找到两种全然不同风格的雕塑组照。仔细观察,你觉得有何差异?哪一组雕塑更逼真?

我们不妨做一组衣褶线条的比较,更深入地感受不同线条的魅力。中国绘画界曾有"曹衣出水,吴带当风"一说,两者指向中国古代人物画中衣服褶纹的两种不同的表现方式。前者笔法刚劲稠叠,所画人物衣衫紧贴身上,犹如刚从水中出来一般;后者笔法圆转飘逸,所绘人物衣带具有迎风飘曳之状。而法国沙特尔大教堂的两组雕塑恰好对应这两种风格。罗马风格的雕塑衣褶如出水一般紧贴,而哥特式风格的雕塑衣褶则更为自然轻盈。后一组雕塑较前者而言,重心在下盘,稳如钟,而非后挂于柱头、悬置于半空。且后者衣褶的勾勒是立体的、多变的,随物赋形,随人体肌肉关节的变化而或疏或密,或缓或急。衣褶笔法的变化也反映了12世纪至中世纪间雕塑技巧的进步。

（2）明线与暗线

（请授课教师于课堂上展示让·安托万·华多的《舟发西苔岛》。）

同学们,你们觉得华多《舟发西苔岛》中的这群人是在前往西苔岛,还是在离开它?请尝试在下框中用实线勾画出人物的动线,再用虚线勾画出背景中暗藏的曲线轮廓。

画得怎样？大家可以参考一下本讲最后的简笔画示例。

　　除了实线形式的线条，我们在观察画作的时候往往会留意到那些含而不露的暗线。18世纪的法国著名画家让·安托万·华多就在《舟发西苔岛》中构造了这样的暗线布局。画面从右到左，依次排列着一对对情侣，组成一条S形的线条，然后跟着小爱神们一起消失在迷蒙的天空之中。远方正是神话中的爱情之岛——西苔岛。左侧小爱神们连缀成的S形线条延伸入天空，然后回转过来，把观看者的视线又引回画面中心。最右侧的维纳斯雕像也是如此，她那条伸出的手臂将观看者视线重新导向画面正中。而正中的那位男子，面部的朝向与手指的方向截然相反，其动作与心理的悖谬感再度凸显了整幅画的隐含主题——欲止还迎、逡巡徘徊。情侣们似乎一边向岸边进发，一边又不停地回首张望。目光的犹疑、拉扯减缓了前进的势头，增添了整幅画面的感伤气氛。于是，人们不得不怀疑：这些情侣们究竟是在前往西苔岛，还是在离开它？

　　（3）摄影作品中的线条构图

　　（请授课教师于课堂上展示20世纪摄影大师亨利·卡缔埃-布列松的代表作品：《1951年的意大利阿布鲁奇区阿圭拉镇》。）

　　请同学们找出照片中的直线与曲线，并在左边的图框中简笔勾勒。想一想：这些直线与曲线的布局产生了怎样的效果。画完后可以参看本讲最后的简笔画示例。

　　布列松照片的成功取决于他所言的"决定性时刻"。本张照片摄于一个意大利小镇。前景楼梯的线条与逶迤远去的栏杆线条一同组成本张照片的视觉引导线条，与头顶面包妇女的行动线索相映照。观赏者似能推想妇女举步而下,逐渐远去的身影。远去的线条为曲线而非直线,营造了动态感,静中生动。而曲线远去方向的一致性又确立了全图的纵深感,不至于使线条看起来散逸无规律。妇女头顶的圆形面包球与路面石块的形状相一致,彼此映衬。圆形线条的圆融柔美与栏杆直线的森严林立恰能相得益彰。

2. 图形与体块

前者存在于二维艺术品中,后者存在于三维作品中。图形占据着一定的区域,有可识别的边界。边界可利用线条(铅笔在白纸上画出的正方形)、质地的改变(割过的草坪当中一块未经修建的方形草地)或颜色的变化(红衬衫上的蓝色圆点花纹)创造出来。体块则占据着具有一定体积的空间,比如我们说的土块、山体、建筑体。

我们不妨以《最后的晚餐》为例,深入感受图形布局对结构布置、主题凸显的影响。请同学们课前收集历史上多个版本的《最后的晚餐》(至少3个版本),带到课堂上来,供我们比较探讨。

众所周知,《最后的晚餐》源于一个宗教故事。根据《马太福音》记载,耶稣与他的十二门徒共进晚餐,他突然说道:"我要告诉你们,你们中间有一个人出卖了我。"门徒们甚是忧愁,纷纷问道:"主,是我么?"《约翰福音》中还有如下记载:"有一个门徒,是耶稣所爱的,侧身挨近耶稣的怀里。西门彼得点头对他说:'你告诉我们,主是指着谁说的。'"彼得的询问和点头示意使得场面产生了波动。有些门徒吓得缩回头,有些努力表示自己的敬爱和清白,还有些似乎在严肃地争论主说的可能是谁。如此戏剧性的一幕广为艺术家们所爱,成为他们笔下画作的主题。那么,达芬奇的版本为何脱颖而出呢?我们可以从图形布局入手,进行比较。

历史上,最早描绘这一主题的画家是公元6世纪的意大利画家,其名不可考。在他的画作中,画中十三人围绕餐桌而坐,他们的座次呈现半圆形,基督坐在左侧排头,唯有基督的头顶画上了明显的光环。他们围坐的餐桌上放着显示神迹的五饼二鱼。画家凸显基督身份的方式仅仅是"光环"的标识。

15世纪中叶,写实主义画家安德烈亚·德尔·卡斯塔诺也留下了一幅值得品味的《最后的晚餐》,这幅画作收藏于弗洛伦萨的圣阿波罗尼奥修道院。卡斯塔诺并没有用"光环"标识出耶稣的特殊身份。他似乎更想凸显犹大,他把犹大放在餐桌的另一侧,与耶稣、其他门徒完全割裂开。耶稣的手势有祝福之意,对犹大显现出怜悯之心。但除此之外,犹大似乎成了画面的中心人物,有喧宾夺主之嫌。迦地的《最后的晚餐》、西莫·罗塞利的《最后的晚餐》、多米尼格·基兰达约的《最后的晚餐》都有类似布局。

我们再来看达芬奇的版本,不难发现其妙手匠心。达芬奇不再安排犹大"独处",而是与其他门徒、耶稣坐在餐桌同一侧。画面上,整体场景就更为统一了。达芬奇凸显耶稣身份的方式也别具一格。他不再笨拙地给耶稣添置"光环"。文艺复兴时期的艺术作品中,神逐渐人化,这不同于中世纪作品中对人的神化。达芬奇的处理既符合文艺复兴的创作内理,又再度表现了这种艺术观念。十二门徒分坐于耶稣两边,耶稣孤寂地坐在中间,他的脸被身后明亮的窗户映照,显得庄严肃穆。背景强烈的对比让人们把所有的注意力全部集中于耶稣身上。耶稣旁边那些躁动的弟子们,每个人的面部表情、眼神、动作各不相同。尤其是慌乱的犹大,手肘碰倒了盐瓶,身体后仰,满脸的惊恐与不安。对称性布局中还添加了多个三角形布局,使得中间独立的三角形——耶稣更为突出。而全图背景的透视结构再次将聚焦点设置在耶稣身上。这样多重的图形设计既巧妙地标识出耶稣的独特身份,又展现出宗教画作庄严肃穆的特点,整饬而恢宏。

(请授课教师于课堂上展示威登的《解救圣体》。)

再试一试,在下页框中用铅笔给威登的《解救圣体》勾画出结构线。让我们来多感受一下绘画者的匠心吧。画完后,大家可以参考一下本讲最后的示例。

3. 光

当代艺术家詹姆斯·特里尔的作品让我们强烈地意识到光的存在。他曾设计了一种被称为"天空间"的天窗。人们从他设计的这一个特殊空洞望出去，天空一览无余。贵格教徒把精神觉悟称为"内心之光"。对"光"的发现与重视在一定程度上具有宗教氤氲或精神特质。

早些时候，欧洲的画家们对利用明度在二维作品中塑造体块产生了兴趣。文艺复兴时期，意大利的绘画大师们发现并改进了"明暗对照法"（chiaroscuro）。表现明度的技巧通常有两种，一为排线法（hatching），即成片的排列紧密的平行线，查尔斯·怀特的《无题》可视为一例，他仅靠交叉排线的线条便塑造了一个女人头部的侧面形象。另一种表现明度的技巧是点画法，一片片小点经过视觉混色的平衡，形成了各种明度。与排线一样，明度的高低取决于密度，即一个特定区域内的点越多，它的颜色就越深。

我们再来欣赏一下宋代文同的《墨竹图》，你觉得该图的光源在哪里？这种打光方式与一般画作有何不同？（请授课教师于课堂上展示文同的《墨竹图》。）

我国古代书画中的打光角度非常特别，既不是正面光，也不是侧面光，而是背面投来的光线。故而，文同画作中深色的叶片反而是前景，浅色的是后景，这与一般的西洋素描显然有别。

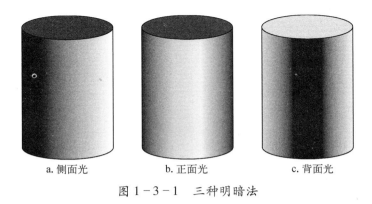

a. 侧面光　　　　　　b. 正面光　　　　　　c. 背面光

图 1 - 3 - 1　　三种明暗法

4. 色彩

　　1666 年,牛顿爵士让一缕阳光穿过一面棱镜,即各个面都不平行的透明玻璃体,他注意到这缕光线被分解、折射成了不同的颜色,这些颜色的排列顺序跟彩虹一致。他又举起另一块棱镜,发现可以把这些彩虹色重新合成为最初那缕白光一般的阳光光线。是的,所有色彩都从属于光,任何物体都不是本来就有颜色的。我们所感觉到的颜色是反射光线,比如你有一件红色外套,阳光照射在上面,吸收了除红色光以外其他所有光线,故而你辨识为红色。

　　我们可以通过一个色轮来大体把握多种颜色及其关系。色彩可以粗略分为三种:原色、间色、复色。原色为红、黄、蓝,间色为橙、绿、紫,复色是原色与相邻间色调和而成的。颜色的三种属性为:色相(hue,色轮上各个颜色类别的名称)、明度(value,颜色相对的深浅浓淡)、色度(intensity),色度也叫色品(chroma)或色饱和度(saturation,颜色的相对纯度)。常见的配色方案有:单色(由同一色相的不同变化构成)、互补(色轮上互相正对的颜色)、邻近(色轮上相邻近的颜色)、三色(色轮上任意三种彼此距离相等的颜色)。色彩的视觉的效果：同时对比（互补色放在一起会更加鲜艳）、余象（长时间凝视某一种饱和色，眼睛休息时则会看到这种颜色的互补色）、视觉混色（点彩画法 pointllism）。

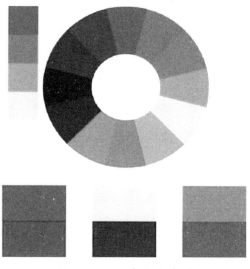

图 1－3－2　色轮与色差

5. 质地

　　整个西方建筑演变的历史几乎就是建筑质地演变的历史。在古希腊，神庙建筑往往依托于柱楣结构。无论是简朴敦实的多利安柱、柱头螺旋的爱奥尼亚柱，还是整体瑰丽华美的科林斯柱，都受石块质料的限制。如果我们尝试在网上搜索日本平等院凤凰堂的照片，或者我们走出教室信步于乌镇水榭、龙华古寺，我们不难发现依托于木料的中国古代建筑更为轻盈，这是因为木质结构的屋顶通过分段式桁架体系支撑。相反，西方的屋顶则通常由不能弯曲的三角桁架支撑，比如希腊的三角楣。东方屋顶的建造者可以控制屋顶的斜度、弯度，相对于西方柱楣的凝重、肃穆、高峻，东方建筑则秀美、雅致、横向延伸。

6. 空间

请用简笔为抗战老兵设计一个纪念碑,绘于下框中:

（教师可于课堂上展示"越战老兵纪念碑"相关影像资料,让同学们感受空间设计的独特魅力。）

1980 年,22 岁的林璎在耶鲁攻读建筑系,关于越战老兵纪念碑的设计,她说:"我建造能在其中思考的建筑,但并不试图规定必须思考些什么。""这个平面将成为尘世与更加寂静、阴暗、安宁的来世之间的交界处……"这个纪念牌的空间结构实现了一种仪式,它是土地上裂开的一条缝隙,让人们走入缝隙之中,走向死亡。随着坡度向上,人们又走向了希望、康复、和解。

7. 时间

我们不妨从时间与空间的角度,比较 15 世纪扬·凡·艾克的名作《阿尔诺芬尼夫妇像》与 17 世纪委拉斯凯兹的《宫娥》。你会更喜欢哪一幅画呢？为何？
（请授课教师于课堂上展示两图。）

《阿尔诺芬尼夫妇像》是尼德兰画家扬·凡·艾克于 1434 年创作的一幅木
板油画，现藏于英国国家美术馆（伦敦国家美术馆）。画中的主人公是阿尔诺芬
尼和他的新婚妻子。阿尔诺芬尼举着右手，似在宣誓。他的妻子则虔诚地微低
着头，伸出右手表示永做丈夫的忠实伴侣。画面后方的镜子展现了画家的工笔
巧思。镜框带有 10 个突出的朵状方形，每个方形内又置一个小圆形，每个圆形
内画一幅耶稣的故事画，图像细小到难以识别。中心圆镜内反射出整个房间的
景物，甚至能隐约看到画家本人。

《宫娥》则是委拉斯凯兹创作晚期的一件重要作品，描绘了宫廷里的日常生
活。小公主玛格丽特被描绘得既庄严又具有掩盖不住的稚气，占据画面的中心
位置。一名宫女向她跪献水杯，画面左边是正在作画的画家本人。画家把自己
安排在这一颇具戏剧性的情节中，使整幅画具有浓郁的生活气息和情调。而后
方的镜子揭示了画家绘画的真正对象——国王与王后。

两幅名作都巧用"镜子"扩大了画面的空间感。但《宫娥》更为直接地展示
了画家身份与绘画过程，显现绘画者的自我意识与绘画艺术的元认知。

此外，《宫娥》中画家本人热切的凝视直接透过画作投向了幕布之外的空
间，甚至穿越过数个世纪与一批又一批的欣赏者们四目相对、秋波相接。相对
于《阿尔诺芬尼夫妇像》，《宫娥》中画家的"凝视"不仅强调了画家的在场、再现
了绘画过程的在场，更强调了观看者的在场——这一缺席的在场，因为"在场"
而拓宽了画作的空间，因为"缺席"而延展了画作的时间线。《阿尔诺芬尼夫妇
像》是空间的艺术，而作于其后的《宫娥》则是时空的艺术。

■ **课后训练**

任意挑选一幅你喜欢的绘画作品，尝试从刚才学习的七个鉴赏角度入手进
行赏析。

■ **参考回答**

课前热身题——

绘画鉴赏角度七种——线条、图形与体块、光、色彩、质地、空间、时间

课上启发题——

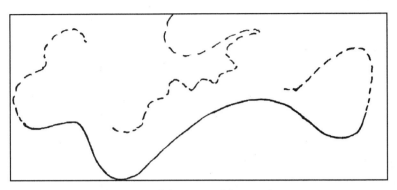

图 1－3－3 《舟发西苕岛》暗线勾勒示例

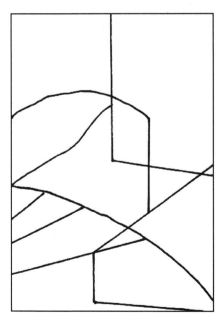

图 1－3－4 《1951 年的意大利阿布鲁奇区阿圭拉镇》直线与曲线勾勒示例

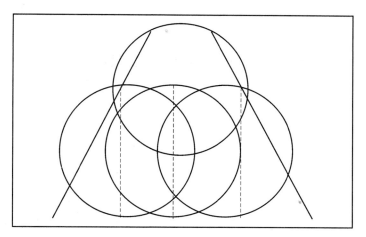

图 1-3-5 《解救圣体》结构线示意图

■ **延伸阅读**

贡布里希：《艺术的故事》，范景中、杨成凯译，广西美术出版社，2008 年版。

马克·盖特雷恩：《与艺术相伴》，王滢译，后浪出版公司，2014 年版。

高居翰：《图说中国绘画史》，李渝译，三联书店，2014 年版。

第四讲 绘画（下·核心问题）

■ **本讲课时**

2 课时

■ **重点与难点**

（1）理解"模仿"、"再现"、"表现"之间的区别，把握艺术史流变中人们对艺术的定位以及艺术与现实的关系。

（2）探究有关绘画的数个核心问题。

■ **课前热身**

（请授课教师于课堂上展示马格里特《这不是一只烟斗》、《双重之谜》两图。）

1. 先看《这不是一只烟斗》一图，图中那句法文的意思是"这不是一只烟斗"，你觉得此画何义？

2. 再看《双重之谜》一图，猜想此画又是何义。

3. 请大家围绕眼前这张"桌子"提问，提问越多越好。

■ **教学环节**

1. 艺术史分期之一种

《这不是一只烟斗》——我们暂且不论福柯对这幅画的著

名探讨（即词与图之辩证法），我们且借此画了解柏拉图模仿论中的基本维度：自然之物模仿理式，艺术之物模仿自然。这不是一只烟斗，这不是我们眼前属于"自然之物"的烟斗，而是属于"艺术之物"的烟斗。故而，"自然"与"再现"有别。而从艺术行为自觉性的角度看，"模仿"的艺术以自然之物为上，"再现"的艺术则强调了艺术本身的自在性与独立性。

《双重之谜》——绘画的过程呈现于作品之中，而绘画的对象"烟斗"被突然放大悬置于画板前方。画板的出现似是要还原绘画过程，还原自然之物"再现"的过程，但墙壁上的"烟斗"似乎不像真实的、自然的烟斗。这是一只"表现"的烟斗。从"再现"走向"表现"，恰是从自然走向人类内心的过程。艺术源于生活，又高于生活。

"模仿—再现—表现"是艺术史的内在发展进程，而其外部进程可简略分类为"传统艺术—现代艺术—后现代艺术"。

图 1-4-1　艺术史分期之一种

2. 艺术史核心问题举隅

2.1　为何早期自然主义艺术力求逼真？

（教师可于课堂上展示拉斯科洞穴的相关影像资料。）

拉斯科洞穴，位于法国韦泽尔峡谷。1940 年 9 月，4 名少年在法国多尔多涅的拉斯科山坡上偶然发现了该洞。洞穴中的壁画为旧石器时期所作，至今已有1.5万到1.7万年历史,精美异常,有"史前西斯廷"之称。考古学家发现该洞穴于旧石器时期离地表不远,这意味着其中的画作并非为珍藏而作。那么,其创作者为何如此费尽心力?有一派研究者认为,这些人类早期画作是为了巫术仪式而作,绘画者在出发打猎前绘制牛羊牲畜,以求满载而归,绘制死去的猛禽凶兽,以求一路平安,故而必须力求逼真。艺术模仿行为的内在心理即是通过该仪式获取主动权、掌控权。

(请授课教师于课堂上展示埃及墓室壁画《内巴蒙花园》与赫亚尔肖像。)

让我们来看公元前1400年的埃及墓室壁画《内巴蒙花园》,试想如果我们来绘制一幅花园的风景图,会有何不同?观赏这个花园的游人究竟是从哪一个角度望过去的呢?为何树木像标本一般排列?而整个花园中央的水池竟如此方正、平整地立于画面中央?显然,水池的绘画视角是俯视,而其中游鱼、水禽的形态又非俯视可见。整个画作似乎既非写实主义,又非抽象主义。

再看公元前2778—前2723年赫亚尔墓室的一扇木门上的赫亚尔肖像。这是埃及人物绘画的常见模式,肩膀正面,头与手足呈现侧面。有时,我们往往对这些古怪的程式化姿势忍俊不禁。那么,为何埃及人要这样作画?为何对他们而言,必须如此展现人体的样貌?

其实,埃及艺术的特点是几何形式的规整和对自然的犀利观察。作者最为关注的不是好看不好看,而是完整不完整。艺术家的任务是要尽可能清楚、尽可能持久地把一切事物都保留下来。所以,无论人物还是事物,画家总是选取最能体现该部分特征的角度呈现。比如,头部的轮廓在侧面图中最容易看清楚。而人的眼睛,应该从正面看。人体躯干的上半部分是肩膀和胸腔,应该从正面观察。而从侧面看胳膊,则更为清晰。脚的轮廓也是如此,如果从正面看则混成一团了。

那么,为何一定要完整地呈现每个部位最有特征的一面呢?如上所言,早期人类寻求艺术上的逼真,其背后具有特殊的宗教诉求。他们希望通过这一仿真仪式来实现祈祷功能,把握外部世界,置换外部世界的秩序。正如人类学家弗雷泽在《金枝》中归纳的交感巫术思维,原始人类遵循相似律,即顺势巫术思维——同类相生、果必同因。越是逼真的模仿,越能靠近世界的本质。

2.2 自然主义的作品真的如此"自然"吗?

（请授课教师于课堂上展示热里科《埃普瑟姆赛马》与麦布利基连续摄影作品《奔驰的马》。）

请比较麦布利基的连续摄影作品《奔驰的马》（1872 年）与热里科《埃普瑟姆赛马》（1821 年）。后者所绘马的奔跑形态在现实生活中是否存在？为何这么画？对照摄影作品，我们可以发现马在奔跑过程中不可能两腿平行、不交叉。自然主义的作品很可能是"不自然"的。

2.3 "表现"的价值

如今，当我们出入于各大现代艺术展，徘徊于那些光怪陆离的现代艺术品中，我们很可能会怀疑"表现"的价值与意义。立足于"表现"作者内心的作品是否少了一些技术含量？少了一份十年寒窗、百年雕琢的匠心？我们不妨先看看这两张画作。（请授课教师于课堂上展示伦勃朗《达娜厄》、克里姆特《达娜厄》两幅作品。）

达娜厄是古希腊罗马神话中阿尔戈斯国王阿克里西俄斯的女儿。在她即将达到适婚年龄时，国王得到了一条神谕："达娜厄所生的男孩会杀死你。"于是，阿克里西俄斯王迅速做出了决定：建起一座铜塔，将女儿关入塔内。因禁公主的铜塔没有大门，只有狭窄的通风口，完全是一个封闭空间，塔的周围也警戒森严，使得任何求婚者都无法靠近。但这只限于肉身凡胎的求婚者，而非诸神。神话中，宙斯化作金色的雨降落于塔中，与公主达娜厄相逢。

让我们来细看伦勃朗的《达娜厄》，他是如何描绘金雨的呢？对早期的自然主义画家而言，在画作中出现日常不可见的"金雨"是不可思议的。于是，伦勃朗让宙斯化作了金色的光线、从通风口穿入。达娜厄面对眼前奇异的光芒，不由自主地伸出手臂。光芒逐渐将达娜厄的身体染成金色。原本伦勃朗所描绘的女性大多带着浓重的乡土气息，而此时的达娜厄公主高贵而柔美。即便伦勃朗的绘画已超越前人,但也没有超越自然主义画作的传统观念。

当自然主义画家"畏葸不前",只能用金光代替金雨的时候,克里姆特"胆大包天"地直接画了出来。相对于伦勃朗用光呈现若有似无的"气息"、"预感",克里姆特则利用无数的金箔来表现奔腾不息的光之激流。其流势之猛使得水花四溅,化作一颗颗几乎要跃纸而出的金色圆点。这惊世骇俗的一笔在今天看来毫无新意。但"表现"主义最初的价值便在于这"信仰之跃",一次观念的更新、一场彻底的变革曾多次在这方无声的艺术史战场上展开。

2.4　走向"表现",这是否意味着过于重视主观感受,而远离世界的真实面?

请同学们在课前收集一些未来派艺术家的作品,每人2—3幅,带到课堂上来,分小组讨论、归纳未来主义画作的特点。

未来派,也称未来主义,诞生于20世纪初的意大利。其领导人是诗人菲利波·马利奈蒂。这个团体的成员包括贝尔托·波丘尼、吉诺·赛弗里尼、贾科莫·巴拉等人。他们有一个远大的目标——将欧洲文化领入现代技术的光辉新世界中。未来主义想否定过去,赞颂青春、机器、运动、力量与速度。他们坚信未来是光荣的、激动人心的。他们的核心贡献是"同存法",这种方法把同时发生的各种现象,如声音、光线、运动等等,都放在同一幅可见的绘画中。

比如,意大利未来主义画家波丘尼的作品《城市在上升》与《瓶子在空间中展开》。乍看之下,这类作品显然是表现主义的,而非自然主义。城市怎么会陷入这样混沌的旋涡之中呢?难道是遭受了暴风的袭击?瓶子又怎么会突然"展开"?难道是有人把它打碎了?波丘尼推崇机械、速度、力量。巴甫洛夫有狗,薛定谔有猫。巴甫洛夫的狗驯顺乖巧,薛定谔的猫则变幻无常。但凡世间之物总会经历一番沧海桑田。波丘尼眼中的世界可谓真正贴近真理真相的世界,一个永动的物象世界。早在古希腊,哲学家赫拉克里特就曾言:"人不能两次踏入同一条河流。"是的,世界的变化、运动是持久的,静止只是相对的。表现主义作品看似不合实际,但其实是艺术家追寻世界本质的另一种方式。

亚里士多德在《诗学》中提到"诗人的职责不在于描述已发生的事,而在于描述可能发生的事"。著名汉学家浦安迪也曾区分两种"真实"——"中国叙事意义上的'真实'观有两种,一是事件之真,一是本质之真。"表现主义之真实恰在于本质之真。

2.5 后现代的文化意义

其实,"表现主义"只是一个总称,该阶段包含诸多流派。若按照时间进一步划分,表现主义阶段还可分为现代主义与后现代主义两部分。后现代主义的出现以二战为标志。如果说现代主义作家在阴霾密布的苍穹下,依旧期待云开雾散的曙光,那么后现代主义作家则确认:哪怕雾霭散去,太阳也不过是一片片的碎片。

以下我们列举了一些现代主义与后现代主义的特征,请根据自己之前的观赏经验或课外学习的经历,选择合适语词填入表格。填完以后,可参考本讲最后的《哈桑现代主义与后现代主义特征对照表》。

特征——阐释、反阐释、能指、所指、叙述、反叙述、征兆、欲望、确定性、不确定性、超验性、内在性、此在、缺失、距离、参与、语义、修辞、形式、反形式。

现 代 主 义 的 特 征	后 现 代 主 义 的 特 征

(请授课教师于课堂上展示梵高的《农民鞋》和安迪·沃霍尔的《钻石灰尘鞋》。)

为了更好地感受现代主义与后现代主义艺术的差异,我们可以比较梵高的《农民鞋》与安迪·沃霍尔的《钻石灰尘鞋》。梵高的《农民鞋》展现出农业生活中的苦难、完全的贫瘠、最原始的体力劳动的苦痛。海德格尔在《艺术作品的起源》中讨论过这幅作品,他认为艺术作品来自"世界"和"土地"之间的空隙,或者说是裂缝。"世界"与"土地"之间的张力,为我们重新创造了世界。在海德格尔那里,"土地"意味着物质,物质是荒谬的,没有意义的,是纯粹的偶然事件。正如托马斯·曼所言:"物质是一种疾病。"而"世界"是有意义的,代表着历史。人类所做的一切属于历史,但人类又处于一个无意义的物质世界。艺术品的出现,恰而展现了"历史"与"物质"之间的张力。梵高的这双农民鞋没有主人,主人是缺席的。鞋子本身介于世界与土地之间,是劳动者的工具。劳动者穿上它在"田野的小径"中行走。海德格尔曾赋予"田野的小径"象征义,即人类在世间的走动、探索的过程,在无意义的世界中不断留下自己的足迹。他说:"在鞋子中间,回荡着土地那无声的呼唤,回响着土地上那即将成熟的谷物所奉献的无言礼品,回响着严冬的田野上萧瑟的耕地里谜一般的自我拒绝。"艺术品通过自身来揭示出所有不在场的世界和土地,表现出农夫沉重的脚步、小路的孤寂。此时的现代主义并没有抛弃心底的热望。

然而,当我们看到安迪·沃霍尔的《钻石灰尘鞋》,世界似乎又换了一张新的面孔。它们看似五颜六色,但蒙着一层灰黑。五光十色的缤纷欲望不得满足,于是逐渐压抑入灰黑色的薄暮之中。乌托邦式的冲动、幻想的泡沫充斥其间。梵高的一双鞋在此处繁衍为多双。

安迪·沃霍尔的其他作品也都呈现出这样一种"复制"感。在他的画作中,机械复制时代的碎片充斥着画面。梦露的"形象"被生成出来,梦露自己也在经受一种异化。当她成为名人的时候,她自己从她的形象异化出来了。形象物化,成为一种商品。主体走近客体,而客体世界从摹本(copy)到类像(simulacrum)的转变,又使得客体逐步走近主体。正如詹姆逊所言,今天当我们在蜡像馆兜兜转转,忽而远处见到一个身影,我们如何辨别是人是像?后现代社会的类像景观剥夺了我们依赖的现实。收音机、电视机、网络媒体使得"他性"逐渐消失了。后现代主义的全部特征就是距离感的消失。

后现代文化的扁平化伴随着以下四种深度模式的消失：

1）表面的现象之下必有某种意义。比如黑格尔辩证法、马克思上层建筑理论。

2）关于明显和隐含的区别，所想的和实际上发生的之间的区别。比如弗洛伊德的精神分析理论。

3）区分确实性和非确实性。比如萨特、加缪等人的存在主义理论。

4）区分所指、能指。比如索绪尔的符号学理论。

此外，后现代社会还有一种特质：狂欢性。尤奈斯库说："人生是荒诞的，认真严肃地对待它显得荒诞可笑。"贝克特在《等待戈多》中写道："最可怕的是有思想。"阿瑟·米勒在《英雄》中说："人人都有苦恼，不同的是我试着把苦恼带回家中，教它唱歌。"如果鲁迅的绝望是带有现代气质的，那么阿 Q 就是后现代的。今天的人们普遍患上了"颓废欣快症"。

■ **课后训练**

请同学们课后欣赏毕加索的名作《格尔尼卡》。1937 年德国空军空袭西班牙小镇格尔尼卡，同年毕加索完成此画，请思考以下问题：

（1）为何不用"再现"而用"表现"的方式描绘？是否会弱化现实批判性？

（2）图中的人群是在门中还是门外？

（3）图中人群共有的表情是怎样的？为何如此设计？

■ **参考回答**

课前热身题 1 与 2，可参考"艺术史分期之一种"。

课前热身题 3：提问参考——

1. 摆在我们面前的桌子是从哪里来的？

2. 使桌子成为桌子的究竟是构成桌子的材料，还是桌子的概念？

3. 构成桌子的材料与概念间是怎样的关系？

4. 具体的桌子生灭变化，桌子的概念是不变的，那么桌子的概念是以什么方式存在的？

5. 假如桌子都毁灭、不存在了，桌子的概念还有什么意义？

6. 我们怎么知道它是桌子而不是椅子？

7. 我们为什么称它为"桌子"？

课上启发题——

哈桑现代主义与后现代主义特征对照表

现 代 主 义 的 特 征	后 现 代 主 义 的 特 征
浪漫主义／象征主义	虚构解决说／达达主义
形式(联系的,封闭的)	反形式(相互脱节的,开放的)
目的	游戏
预谋性	偶然性
等级序列	无序
控制／逻各斯	枯竭／静寂
艺术客体／完成的作品	过程／演示／发生着
距离	参与
创作／整体化	阻遏创作／结构解体
综合	对比
此在	缺失
围绕中心的	扩散的
体裁／疆界分明	文本／互涉文本
语义	修辞
范式	系统性体系
附属结构	并列结构
隐喻	转喻
选择	组合
独根／深度	散须根／表面
阐释／阅读	反阐释／误读
所指	能指
供阅读的	供写作的
叙述／宏观历史	反叙述／微观历史
总体代码	独特用语
征兆	欲望
类型	变体
偏执狂	精神分裂
本源／原因	差异-延宕／印痕
上帝、圣父	圣灵
形而上学	反讽
确定性	不确定性
超验性	内在性

课后训练题——

（1）毕加索曾言，他想用表现主义的形式而非自然主义的形式来实现"普适性"。格尔尼卡的磨难很可能曾几何时、同时同刻、将来某日降临于世界上任何一个村落小镇。

（2）这幅画取消了里与外的对立关系，呈现出或里或外的视觉错位。因为格尔尼卡的受难者们已在一片故土废墟之中，没有家里家外可言。

（3）图中的人群在呐喊，但观赏者无法"听"到，只能看到并想象其音响形象。毕加索用绘画艺术本身的有限性，呈现了有声与无声的悖论关系，进一步体现出格尔尼卡人民的无助。言不可尽意，画亦是如此。

■ **延伸阅读**

周宪：《美学是什么》，北京大学出版社，2002 年版。

Fredric Jameson：《后现代主义与文化理论》，唐小兵译，北京大学出版社，1997 年版。

第五讲　戏剧（上·戏剧理论）

■ **本讲课时**

1 课时

■ **重点与难点**

能区分斯坦尼斯拉夫斯基、布莱希特、阿尔托三大戏剧理论。

■ **课前热身**

我们去游乐园的时候常见到一种游乐项目，叫"鬼屋"，这一项目跟当下如火如荼的"浸入式戏剧"有异曲同工之妙。那么，你知道"浸入式戏剧"发展自哪一种西方戏剧理论吗？你喜欢这种新型的戏剧模式吗？

■ **教学环节**

1．西方戏剧理论概况

对中国当代戏剧导演而言，影响最大的西方戏剧理论家当属：布莱希特、阿尔托、荒诞派理论（马丁·艾斯林等）、格洛托夫斯基（国内常称为"格氏"）、彼得·布鲁克、谢克纳等。然而，国内戏剧批评著书不曾深入分析他们各自对中国戏剧人的影响,更不用提这些戏剧理论之间的关系。比如:20 世纪八九十年代先锋戏剧,且具一定权威性的著书——陈吉德的《中国当代先锋戏剧》中,这些理论都被统一视为"反斯坦尼"式的。但是,如果我们查看西方较有代表性的戏剧理论总结性著书《现代戏剧理论与实践》(J. L. 斯泰恩,1989 年),我们会发现这里面有一个基本的区分:斯泰恩将西方戏剧理论分为自然主义、表现主义、象征主义三派。斯坦尼属于自然主义一脉,布莱希特属表现主义,而阿尔托、荒诞派戏剧理论、格氏、布鲁克、谢克纳都属象征主义。此外,斯泰恩也指出"荒诞派戏剧理论"在象征主义一脉中也有一定特异性。下表简要归纳了各理论的代表人物:

表 1 - 5 - 1　自然主义、表现主义、象征主义代表人物

自然主义:斯坦尼斯拉夫斯基
表现主义:布莱希特
象征主义:阿尔托、荒诞派理论(马丁·艾斯林等)、格洛托夫斯基(格氏)、
　　　　　彼得·布鲁克、谢克纳

以斯坦尼斯拉夫斯基为代表的自然主义,重视戏剧对生活的自然还原。斯坦尼斯拉夫斯基是苏联著名演员、导演、戏剧教育家和理论家、舞台艺术改革家。他生于莫斯科,其父是制造商兼工厂主,与文化活动家交往密切。他 14 岁就登台演剧。1896 年与聂米罗维奇-丹钦科创建莫斯科艺术剧院。斯氏一生导演和担任艺术指导的话剧和歌剧总共有 120 余部,并扮演过许多重要角色。他创立的演剧体系继承和发展了俄国及欧洲的艺术成果,著有《我的艺术生活》、《演员自我修养》等书。1936 年获苏联人民艺术家称号,1948 年在他的故居设立斯氏博物馆。斯坦尼斯拉夫斯基基于自然主义的表演理念与"第四堵墙"理论有关。"第四堵墙"理论要求演出者在演出过程中想象自己与观众之间相隔一堵墙,表演不再是表演,而是自然生活的呈现,最真实地反映自己的内在心理与日常行为。

以布莱希特为代表的表现主义,重视戏剧对生活问题的呈现与揭示,力求借由戏剧艺术引人反思生活。其最具有划时代意义的戏剧理论即提出"陌生化

效果"(Verfremdungs Effekt)。Verfremdung 在德语中是一个非常富有表现力的词,具有间离、疏离、陌生化、异化等多重含义。布莱希特用这个词首先意指一种方法,然后才指这种方法的效果。作为一种方法,它主要具有两个层次的含义,即演员将角色表现为陌生的,以及观众以一种保持距离和惊异、陌生的态度看待演员的表演或者说剧中人。宣扬"陌生化效果"的布莱希特戏剧学派在它的形成过程中,一方面继承和革新欧洲及德国的现实主义传统,另一方面借鉴东方文化,尤其是日本古典戏剧和中国戏曲。特别是布莱希特本人,他研究过中国、日本和印度戏剧,对莎士比亚和伊丽莎白女皇时期的戏剧尤为钟情,他的戏剧还吸收了希腊悲剧的元素。他从德国剧作家那里得到灵感,也喜爱巴伐利亚的民间戏剧。其具体理论成就会在第三板块详述。

以阿尔托、格洛托夫斯基等人为代表的象征主义,让生活走向艺术化。象征主义这一流派出现在 19 世纪末,发端于法国的诗歌运动。从法国的兰波、马拉美逐步延伸到德国的里尔克、英国的王尔德、丹麦的勃兰兑斯。"象征"即是指"用来表示某一事物或事件的词或短语,这一事物或事件本身又代表某一事物"。譬如象征主义诗人叶芝所写的《丽达与天鹅》,在解读时可以将丽达看作是美的象征物,天鹅看作是暴力的象征物。象征主义戏剧理论涉及的重要理论家颇多,以下分条枚举:

表 1-5-2　象征主义戏剧理论家及其理论

| 阿尔托(《残酷戏剧——戏剧及其重影》,桂裕芳译,中国戏剧出版社,1993 年版) | 阿尔托对戏剧的定位超越了具体的某一种艺术门类,它似乎是人类寻常生活之外更为真实的生活与存在。他认为,我们僵化的戏剧观与我们僵化的所谓无影文化的观点是相符的,这种观点认为不论我们的精神向哪个方向旋转,它所遇到的只是虚无,而实际上空间是满盈的。真正的戏剧在动,在使用活的道具,因此它一直晃动影子,而生活也不断地倒映在这些影子中。阿尔托推崇反言词剧、探索视觉语言;推行戏剧治疗法,探索戏剧中虚假世界的内在真实。他主张即兴创作,施行"机遇剧"。其戏剧理论中还包含东方神秘主义。 |

格洛托夫斯基（格氏）（《迈向质朴戏剧》，魏时译，中国戏剧出版社，1984 年版）	其戏剧也被称为"贫困戏剧"。格氏认为戏剧具有传达某种精神与宗教的作用。他的戏剧剥去一切表面的装饰冲着"本质"而来，让演员与观众真诚且坦然地相对相视，让戏剧体验返回到荣格的集体无意识之中。质朴戏剧是相对于"富丽"戏剧而言的，要求去掉一切艺术形式（音乐、布景等），只剩演员来寻找他与观众的基本关系，演员成为表达戏剧体验的核心。他探索最多的主题是智者受难：自以为居于丑陋世界之上的清高的"忠诚王子"被折磨致死；放弃神学改信魔术的"浮士德博士"被迫在修道院吃最后的晚餐；一个宗教剧中在复活节活过来的雕塑和壁画人物被送进纳粹集中营……
彼得·布鲁克（《空的空间》，邢历等译，中国戏剧出版社，2006 年版）	力图融合布莱希特与阿尔托。其代表作《空的空间》中有言："我可以选取任何一个空间，称它为空荡的舞台。一个人在别人的注视之下走过这个空间，这就足以构成一幕戏剧了。"对于阿尔托，他认为其在探求神圣中所希望的东西是绝对的：他所希望的戏剧是一块圣地；他希望戏剧由一班有献身精神的演员和导演为之服务，他们出自本性无休止地塑造出给人以强烈印象的舞台形象，对人类问题产生出直接的、强大的力量，以致不再有人去搞那些追求轶闻琐事的戏剧了。对布莱希特，他欣赏其现世精神。演员应当有头脑，应对自己的贡献有能力做出评价。现在依然有很多演员以不懂政治为荣，他们把戏剧看作象牙塔，而这种演员就不配在剧团里占一席之地。
谢克纳（《环境戏剧》，曹路生译，中国戏剧出版社，2001 年版）	谢克纳推崇阿尔托、格氏。他是学者型戏剧家，又是号称"游行老手"的社会活动家。他同样肯定简化剧本、布景、服装等的作用，更为突出演员与观众间的直接关系。谢克纳突出戏剧的仪式性，提出人类学意义上的戏剧实践。他赢得世界性赞誉与争议的作品是根据欧里庇得斯《酒神的伴侣》改编的《69 年的狄奥尼索斯》。台词方面较原作删减很多，一千多行中选六百行。作乐场面为即兴动作，并由此逐渐发展到最具争议的"生的仪式"。狄奥尼索斯在四位裸女身下慢慢挤出。戏剧不但打破第四堵墙，而且把剧场外的围墙也打破。戏中演员常以真名自称，且提及真实的年龄、出生等。剧中有一幕是大家在酒神狄奥尼索斯的影响下一起打破传统桎梏，相亲相爱，探索感觉的快乐，此处观众可以参与到话剧演出中。谢克纳提出了"环境戏剧的六条格言"： 1. 戏剧活动是一整套相关联的交际。 2. 全部空间都为演出所用，全部空间都为观众所用。 3. 戏剧活动可以在完全改造过的空间进行，也可以利用找来的空间。 4. 演出的焦点是灵活可变的。 5. 演出中的所有因素都用各自的语言说话，没有主次之别。 6. 文本既不必是演出的起点，也不必是其目标，甚至可以完全没有文本。

2. 西方戏剧理论的中国之路

在西方戏剧理论代表性著作《后戏剧剧场》(雷曼,2010年)中,雷曼也提到很多西方学者把先锋戏剧的源头追溯到阿尔托。然而,中国20世纪80年代的先锋戏剧几乎充斥着布莱希特的身影。甚至20世纪90年代至今,直到新锐导演出现,虽然阿尔托一脉的影响日盛,但布莱希特依旧是导演们不忘的名字。这种"非先锋"理论影响下的"先锋"戏剧形态是值得进一步揣摩的。但是戏剧批评、戏剧理论不去为西方戏剧理论划清这些界限,更不用提导演们的随意接受,混为一谈的状况了。

以下尝试归纳国内对西方戏剧理论认识中存在的问题:

其一,国内对阿尔托一脉(阿尔托、荒诞派理论、格洛托夫斯基、彼得·布鲁克、谢克纳)的研究非常少。没有研究专著出版过。这几位理论家的著书翻译也只有各一本。只有阿尔托近期刚重译了一次。列举如下:

安托南·阿尔托:《残酷戏剧——戏剧及其重影》,桂裕芳译,中国戏剧出版社,1993年版。

马丁·艾斯林:《荒诞派戏剧》,刘国彬译,中国戏剧出版社,1992年版。

耶日·格洛托夫斯基:《迈向质朴戏剧》,魏时译,中国戏剧出版社,1984年版。

彼得·布鲁克:《空的空间》,邢历等译,中国戏剧出版社,2006年版。

理查德·谢克纳:《环境戏剧》,曹路生译,中国戏剧出版社,2001年版。

其二,国内戏剧批评中较少深入分析各西方理论家对中国戏剧人的影响。

其三,国内戏剧研究著作中对各西方理论的分类、分析少。

其四,研究中尚且讨论不清,对戏剧人而言就更是混为一谈。虽然许多戏剧人都称道阿尔托、格氏等人的思想,但理解有限。这在戏剧创作中就会出现明显的问题。

其五,中国先锋戏剧所接受到的最大的理论影响却恰恰是"非先锋"的,是布莱希特式的。

3. 戏剧理论大师：布莱希特

3.1 理论关键词

(1) 模拟/示范的过程

布莱希特明确表示他想改变人们感受与认知的方式。他要求使用的间离方法首先是指向演员的,他对演员"对待"角色的方式提出要求。他说:

> 演员如果采用共鸣表演法(斯坦尼式),他们对这些虚构人物的了解也不比对实际生活中的人更多。

布莱希特将"演员对待角色"与"演员(包括所有常人)对待实际生活中的人"两者对等起来。后者甚至可以延展到常人对待生活的方式,即人的认知方式。

布莱希特被归为"表现主义",这里不仅指用"角色"去表现生活中的人物,更是指演员用自身对待角色的"态度"去"表现"人物。而"表现自身态度"又等同于"表现演员自身"。如果我们做一个"文本空间/表演空间/观众空间"的划分的话,或许能更清楚地分析。(雷曼提出"表演文本"指的是除剧本涉及之外的,舞台上的表演语汇,它们都是存在于舞台空间的,看似与观众所在的空间分离,也与先锋所提出的"剧场空间"概念有距离。但如果我们将"表演"与"文本"拆开,我们看到偏向于演员自身的表演空间介于舞台与观众之间。他们既是角色,又是常人、观众的同类人。)

有趣的是布莱希特与阿尔托、格氏虽不同路,但都相当重视"演员"这一元素。不同的是，后两人特别是格氏让整部戏剧最后的重大收益复归到演员身上，演员们在排练与演出中净化了。而布莱希特依旧是着眼于观众的，且他把戏剧的教化作用呈现于表演空间，而非以往的文本空间。

让"演员表现自身"这点如何理解？布莱希特在《戏剧小工具篇》中写道：如果有一个人物被历史化，根据时代做出回答，并且在不同的时代做出不同的回答，他不就是"每个人"吗？布莱希特在文中进一步指出：一则同时代的每个人做出的回答会不同，二则不同时代人们做出的回答会不同，三则虽然不同时代做出的回答不同，但又是"特定"的回答。于是，我们看到一个矛盾，该"角色"如何在代表集体（某一时代人）的同时又代表个体？布莱希特的解决方式是"矛盾性"，在这种理念下，"矛盾的"才会是"典型的"。但是，布莱希特不拘泥于角色本身，而是角色是如何被"表现"的。因此，他要求演员表现出他们"自己"的矛盾性，而非"角色"的矛盾性。这种方法被布莱希特称为"不是——而是"的表演方式。

布莱希特认为人们总是把舞台上的生活看成是理所当然的东西，一如他们自己对待生活时的认知方式，是全盘接受的。如今，布莱希特要通过戏剧让观众发现它是可变的，"去除令人信赖的痕迹""让人介入"。而最终让"谁"介入？其实，布莱希特真正让其介入的是"演员"，是"演员"所代表的"观众"。演员用他们"对待"角色的方式（他们展现自己的内心活动，批判的看法），由此模拟了观众对待日常生活的方式。这其实是一种"示范"工作。这同赵川《小社会》的呈现理念，以及观众反应是很像的。但主题相近的牟森却走了另一条道路。

（2）共鸣 VS 不一致

一般国内批评界在讨论布莱希特间离理论时都会提及他的反共鸣思想，这似乎是"间离"的一大目标，并且反共鸣也通常指向对"感情"的间离。于是，由"反共鸣"一说所引申出的"反感性"论成为批评界定义布莱希特的一个核心词。

如果细看布莱希特的论述文字，我们会发现他的"共鸣"与"一致性"是并驾齐驱、一同出现的。在《关于共鸣在戏剧艺术中的任务》中，布莱希特写道，"这种共鸣（一致化）是一种社会现象，它对于一定的历史阶段意味着一个大的进步,但越来越成为进一步发展表演艺术社会作用的障碍","现在以实现和集体(阶级)的'一致化'来革新共鸣术的尝试是没有前途的"。

于是我们不妨把焦点转移到"一致化"上。布莱希特反对"一致化"主要表现在两处:一是演员与观众。二是舞台元素的多元化。

对于演员本身,布莱希特要求的是他与自身角色的非一致化,这点将在后文进一步论述。对于观众,布莱希特需要培养一批与"前"观众不同的新群体。那些"前"观众是适合戏剧体戏剧的,他们"与哭者同哭,与笑者同笑",而观赏布莱希特式史诗体戏剧的观众应该"笑哭者,哭笑者"。对这种效果的追求源自于布莱希特希望改变观众感受与认知方式的理念,这种理念可以引发观众新的思维方式与处世态度,这也意味着观众所获得的针对某部戏剧的想法不可能完全一致。布莱希特所不断强调的是让观众认识到戏剧中的东西是"可变的",而不是可以变为"什么"。

除了演员与观众,这种"反一致性"还体现在布莱希特的实施行为中。很多中国戏剧人都从布莱希特那里获得"多元化表演方式"、"舞台方式"的灵感。比如有些先锋戏剧人曾尝试"多声部"的手法,这些"多声部"是互相调和的,换言之,它们具有某种一致性,为戏剧的整体服务。被评论者通称为"开放"、"多元化"。

然而,在布莱希特有关戏剧元素的论述中,我们看到这样的理念:"音乐可以用自己的方法对主题表示态度。""可以是完全独立的。""要夺回自己的自由。"如果说我们所关注的这些论断都只是为解放除文本外的戏剧元素,为舞美、灯光、音效等立名的话,那么布莱希特的进一步想法更是我们忽视与抛弃的——"各艺术门类间的相互关系不是创造一部综合性艺术作品……相互间也要彼此陌生化"。同样是多元化舞台,表现方式类似,但中国戏剧人显然没有抓住布莱希特内里的"间离"观念。

(3) 间离效果 VS 假定性

"间离效果"对布莱希特而言,既指向他最后的期待效应,又指向他为此精心设计的各种实施手段,当然,支撑在背后的是整套戏剧观。这种戏剧观要回答因"间离"而得"效果",而如何才称"间离"是由其"间离"观导致的这一问题。

但"假定性"指向的是一种特性,戏剧的特性。简言之,它代表了戏剧与观众间"以假为真"的契约。中国戏曲的"假定性"是否能达成"间离效果",布莱希特给出的答案是肯定的。他从其中获得灵感,并用之于国外戏剧的实践中,效果确实验证其说法。然而中国百姓在获得延续数千年的观赏经验后,是否能从"假定性"中获得一个理性批评的空间,抑或暗示,这值得怀疑。

再进一步讨论,我们会发现"假定性"问题曾经全然不是"问题",不仅中国如此,世界亦然。古希腊祭祀酒神的仪式中,人们兜着羊皮扮演半人半羊神,罩着白色尸衣的"死者"在祭台前狂舞,这时"假定性"一词没有任何理由出现在理论家的口中,直到16世纪"三一律"出现,自然主义之火燃起并逐渐走向极端的时候,时间的钟摆又荡了回来,于是"假定性"找到了出口。

3.2 布莱希特与中国

(1) 国内研究布莱希特的相关书目

[翻译类]

布莱希特:《布莱希特论戏剧》,丁扬忠等译,中国戏剧出版社,1990年版。

贝托尔特·布莱希特:《布莱希特戏剧集》,安徽文艺出版社,2000年版。

[研究类:国内研究+国外研究的翻译]

弗尔克尔(K. Volker):《布莱希特传》,李健鸣译,中国戏剧出版社,1986年版。

弗雷德里克·詹姆逊:《布莱希特与方法》,陈永国译,中国社会科学出版社,1998年版。

苏丽娜:《斯坦尼斯拉夫斯基与布莱希特》,中平译,北京大学出版社,1986年版。

卢炜:《从辩证到综合:布莱希特与中国新时期戏剧》,浙江大学出版社,2007年版。

卞之琳:《布莱希特戏剧印象记》,安徽教育出版社,2007年版。

张黎:《布莱希特研究》,中国社会科学出版社,1984年版。

余匡复：《布莱希特论》，上海外语教育出版社，2002年版。

陈世雄：《三角对话：斯坦尼、布莱希特与中国戏剧》，厦门大学出版社，2003年版。

（2）国内研究情况

针对布莱希特，研究的主要关键词是：叙事剧、间离效果。此外，国内研究通常将布莱希特与亚里士多德，或者斯坦尼斯拉夫斯基进行比照。针对布莱希特与中国的关系，研究者偏重讨论其著作在中国的译介情况，译介情况中多是讨论其理论在中国的两次评价。主要突出20世纪60年代黄佐临等人对布莱希特的重新强调，比较布与梅兰芳、斯坦尼的差异后得出中国戏曲对话剧舞台作出贡献的结论。讨论中涉及布莱希特对中国戏剧实践影响的部分较少，最多论及两个人物：沙叶新、徐晓钟。而他们都是20世纪80年代的戏剧人。

■ **课后训练**

1. 参与一次"浸入式戏剧"体验，回来后与同学们分享你的感受。说说这与往日的戏剧体验有何不同。

2. 全班同学策划一次简易的"浸入式戏剧"展演活动，善用教室环境，合理布置，设计每位同学所饰角色，然后邀请其他班同学进入教室所设的戏剧环境中，体验"浸入式戏剧"。

■ **参考回答**

课前热身题——

"浸入式戏剧"来源于谢克纳的环境戏剧理论，总体上受到阿尔托象征主义一派的影响。详见"西方戏剧理论概况"部分。

■ **延伸阅读**

汉斯·蒂斯·雷曼：《后戏剧剧场》，李亦男译，北京大学出版社，2010年版。

安托南·阿尔托：《残酷戏剧：戏剧及其重影》，桂裕芳译，商务印书馆，2015年版。

耶日·格洛托夫斯基：《迈向质朴戏剧》，魏时译，中国戏剧出版社，1984

年版。

　　理查德·谢克纳:《环境戏剧》,曹路生译,中国戏剧出版社,2001 年版。

　　马丁·艾斯林:《荒诞派戏剧》,华明译,河北教育出版社,1992 年版。

　　彼得·布鲁克:《敞开的门:谈表演和戏剧》,于东田译,新星出版社,2007 年版。

第六讲　戏剧（下·先锋戏剧）

■ **本讲课时**

2 课时

■ **重点与难点**

（1）了解中国先锋戏剧的演进。

（2）通过分析三部中国版《等待戈多》，把握国内戏剧人戏剧理念的嬗变。

■ **课前热身**

你观赏过先锋戏剧吗？你觉得先锋戏剧与其他戏剧有何差异？结合实例谈谈你的感受。

■ **教学环节**

1. 中国先锋戏剧史概况

阶段一：20 世纪 80 年代初（1979—1980 年）局限于自由时空、"鬼戏"

阶段二：20 世纪 80 年代上半年（1982—1986 年）林兆华、胡伟民

阶段三：20 世纪 80 年代下半年（1986—1987 年）一个低谷

阶段四：20 世纪 90 年代林兆华、牟森（与诗人于坚合作）、孟京辉

阶段五：2000—2011 年新锐导演：康赫、赵川

阶段一：20 世纪 80 年代初（1979—1980 年）

该阶段是中国先锋戏剧刚起步的阶段。该阶段戏剧的主要突破体现在：新的戏剧表现手法加入。例如，用旁白说故事，布景用积木堆叠，"鬼魂"角色的设置等。该阶段问题集中在：戏剧局限于自由时空、"鬼戏"。

阶段二：20 世纪 80 年代上半年（1982—1986 年）

该阶段的先锋戏剧打破了"斯坦尼式"传统表演观念，即自然主义。各位当代戏剧人进行了多种形式的突破，比如：舞台时空自由化、演员表演假定化、观演交流剧场化，再比如：从中国戏曲中借鉴多种表现方式与表演技巧。该阶段戏剧就内容而言，更为重视"人学"，探讨人与社会的诸多问题。虽多有突破，但依旧存在问题，比如过于重视形式，内容上太强调哲理性。

阶段三：20 世纪 80 年代下半年（1986—1987 年）

1989 年中国首个小剧场戏剧节在南京顺利举办，期间涌现诸多优秀的先锋戏剧作品。该阶段的代表人物为张献（上海）、牟森。

阶段四：20 世纪 90 年代

20 世纪 90 年代，中国当代先锋戏剧舞台上活跃着三位重要人物——林兆华、牟森（与诗人于坚合作）、孟京辉。林兆华老师可谓戏剧舞台上的常青树，且永远保持西学东渐、古为今用的兼容并包精神，他在该阶段主攻经典改编，如《哈姆雷特》《三姐妹》等。在今天看来，孟京辉虽为实验戏剧之大家，但当年的牟森恐怕在先锋这条路上走得更远。他偏重形体戏剧、即兴戏剧，孟京辉则逐步走向商业化，更加迎合市场。

阶段五：2000—2011 年

该阶段，孟京辉继续在中国先锋剧坛上演新作品，但被戏剧批评者认为走向商业化。田沁鑫在这一阶段的中国话剧舞台上相当活跃。她在 2009、2010、2011 年陆续出版了《田沁鑫的戏剧本》《田沁鑫的戏剧场》《田沁鑫的排练场之四世同堂》等书，其专著出版量在中国导演中是少见的。在 2010 年出版的《单向街002：先锋已死？》中，专设了"先锋剧已死"的专题。该书采访了五位导演，询问他们对当下"先锋剧已死"的看法，田沁鑫也是其中之一。然而，从前国内研究先锋戏剧的专著极少提及田沁鑫，究其原因，或许其早期作品主题多偏向于传统的现实主义话剧，例如其代表作有《狂飙》（写田汉）、《红玫瑰与白玫瑰》、《赵氏孤儿》、《四世同堂》等。田沁鑫的戏剧是否属于先锋戏剧？她在20 世纪 90 年代又为何不曾进入先锋戏剧批评者的视野？而 2000 年之后为何又有人追溯她为先锋者之一？这些问题是可以进一步探索研究的。此外，我们再看今日的话剧舞台，20 世纪八九十年代留下的戏剧人中，确实也就只有孟京辉与田沁鑫走得最红火了。

这一阶段在先锋舞台上哪些是具有代表性的戏剧人？这个问题我们依据孟京辉于 2011 年编著的《新锐戏剧档案》作出解答。这是继 2000 年 1 月《先锋戏剧档案》出版后的又一部档案，也是先锋戏剧在中国第三个十年的汇报，因而，其权威性是值得肯定的。《新锐戏剧档案》中涉及了十年来中国先锋剧坛上最有代表性的十位导演以及四十二部剧作。这些导演几乎都是从北京青年戏剧节中被孟京辉等人挑选出来，编入《新锐戏剧档案》的。2001 年开始，北京举办了首届大学生话剧节，2004 年上海、广州等地也开始办。北京大话节举办至2008 年，又设立了北京青年戏剧节，这是为那些走出校园，在社会上已呈现过一两部作品的青年导演们设置的。因此，青戏节的作品相对更为成熟。此外，有些导演也曾在学生时代参与过大戏节，如顾雷、黄盈等。

值得一提的是，该阶段出现了两位新锐导演——康赫与赵川。两位戏剧人除了都有相对成熟的作品问世外，而且都尝试建构自身的理论体系，勇于在理论层面探索突破，而非仅仅止步于肢体上的实践。知与行互为表里，相辅相成。康赫曾发表有《戏剧空间中的身体和声音态度》一文，并提出了"偏离空间"的概念，对此概念也进一步论说。其网站上除了详尽的剧本资料、视频资料外，也有自己的戏剧理念论述文章。赵川在《读书》上发表有《逼问剧场》一文，其中有详细论述他研读布莱希特作品及理论后的感想与理解，并论及中国戏剧界对布氏"间离"的某些误读。赵川在另一杂志上也发表有《身体剧场》一文。此外,在其合作创立的"草台班"网站上有详细的个人戏剧理念阐释、草台班演出情况、文化站各相关戏剧人讲座资料等资源。他的理念核心词是:身体剧场、社会剧场/民间剧场。与其密切合作的是 20 世纪 80 年代著名戏剧人张献。赵川还曾提到自己青睐奥古斯多·博亚尔的《被压迫者戏剧理论》(该书只在台湾有中译本)。

康赫与赵川的作品是新锐戏剧人作品中最不具有商业性的。且两人作品在新锐作品中更为成熟、个人风格与理念较统一与明确。康赫每一部作品都曾引起过该年戏剧节的轰动,风格独树一帜,因而受到廖一梅与孟京辉的极大赞赏。

赵川带领草台班成员自 2005 年起一直在巡回演出。其演出模式与 20 世纪 90 年代的牟森较为相近,即青睐非专业演员。两人都很重视演员在表演过程中自身的体验与成长。赵川的《小社会》与牟森的《零档案》类似,都是社会小人物自己言说自己的故事。但不同之处在于,赵川之"民众戏剧"偏向于布莱希特式,而牟森走向了格洛托夫斯基。前者更重视演员的表现(示范作用),后者更重视演员的自身净化。例如,平民观众在看完《小社会》后突然觉得原来自己也能参与戏剧演出(业余演员故意平民装扮,且表演较为稚嫩),觉得台上所演如此贴近他们生活,戏剧不再高高在上。而牟森却由《与艾滋有关》逐渐走向《倾述》的死胡同,台上演员不停即兴言说的模式沿用下去,而其话题已逐渐远离观众,最终整场戏受益的多是演员,他们通过"倾诉"排遣了情绪,成为自我的疗救仪式。

2. 中国先锋戏剧的研究情况

2.1　戏剧资料

(1) 收录剧本资料的书目:

孟京辉:《先锋戏剧档案》,作家出版社,2000 年版。

孟京辉：《新锐戏剧档案》，作家出版社，2011 年版。

孟京辉：《孟京辉先锋戏剧档案》，新星出版社，2010 年版。

上海文艺出版社：《探索戏剧集》，上海文艺出版社，1986 年版。

小青：《红房间、白房间、黑房间——探索戏剧选萃》，北京师范大学出版社，1992 年版。

田沁鑫：《田沁鑫的戏剧本》，北京大学出版社，2010 年版。

（2）涉及编导演戏剧理念、戏剧周边资料的书目：

张仲年：《中国实验戏剧》，上海人民出版社，2009 年版。

刘永来：《独立戏剧——上海 1985—2007》，上海科学技术文献出版社，2008 年版。

蒋原伦：《今日先锋》，天津社会科学院出版社，1994 年版。

田沁鑫：《田沁鑫的戏剧场》，北京大学出版社，2009 年版。

田沁鑫：《田沁鑫的排练场之四世同堂》，北京大学出版社，2011 年版。

2.2 戏剧批评

[类 1]

陈吉德：《中国当代先锋戏剧 1979—2000》，中国戏剧出版社，2004 年版。

周文：《中国先锋戏剧批评》，中国广播电视出版社，2009 年版。

[类 2]

童道明：《他山集——戏剧流派、假定性及其它》，中国戏剧出版社，1983 年版。

麻文琦：《水月镜花——后现代主义与当代戏剧》，中国社会出版社，1994 年版。

王晓鹰：《从假定性到诗化意象》，中国戏剧出版社，2006 年版。

林婷：《准对话、拟狂欢——1980 年的探索戏剧研究》，中国戏剧出版社，2008 年版。

马森：《马森戏剧论集》，尔雅出版社，1985 年版。

马森:《中国现代戏剧的两度西潮》,联合文学出版社,2006 年版。

[类3]

尹国钧:《先锋试验:八九十年代的中国先锋文化》,东方出版社,1998
年版。

王洪岳:《审美的悖反:先锋文艺新论》,社会科学文献出版社,2005 年版。

洪治纲:《守望先锋:兼论中国当代先锋文学的发展》,广西师范大学出版
社,2005 年版。

程波:《先锋及其语境》,广西师范大学出版社,2006 年版。

迄今为止,国内先锋戏剧研究最具代表性的总结性论著是《中国当代先锋
戏剧 1979—2000》(陈吉德,2004 年)与《中国先锋戏剧批评》(周文,2009 年)。
前者分"总论"与"编导论"两部分。"总论"中涉及"艺术形式"、"思想内容"、
"本土性"、"存在位置"几部分,论述较全面但也颇笼统,其批评视野受到作者
所在年代的局限,比如在"艺术形式"中专设"剧本"一节讨论,却未提及先锋域
界内"剧本"之非先锋性,此外,"文本"这一概念也未出现在其讨论中。后者则
在宏观论述上用了极少的篇幅,之后开始逐一讨论较有代表性的戏剧人。但作
者专题分析的戏剧人"林兆华"、"牟森"、"孟京辉"三人都早在 5 年前陈的著作
中论述过,再度提及时新论不多。

两部著作的最大问题是:(1)在宏观分析上所用关键词、分析维度(如:导
演、表演、舞台美术等)并未贴近先锋戏剧的特质。相较《后戏剧剧场》(雷曼,
2010 年)中对先锋戏剧之"具体剧场、符号密度游戏、表演文本"等的论述,这两
部戏剧批评离"先锋"特征很远。(2)两书中都很少进一步分析编导演所受的
西方戏剧家或西方戏剧理论流派的影响。

除了两本代表性的著作以外,第二类则为散论式。童道明最早,其中主要
论述了布莱希特、中国戏曲与中国戏剧的一些问题,形式为散篇式。王晓鹰则
以"假定性"为主线,对此话题进行了深入谈论。林婷以"狂欢"特征为主线,有
生拉硬套之嫌。马森作为台湾戏剧批评者,主说台湾,形式为散论式。第三类
书目是与"先锋"主题相关,并非专论戏剧。

此外,在研究中国先锋戏剧的博士/硕士论文中,都批评中国先锋戏剧已然走向商业化、大众化,违背"先锋"的内涵。但事实上,这是一个国际上共有的问题。西方著名戏剧理论家及实践家谢克纳在 2010 年赴中国的讲座中就提到西方先锋剧的这种类似困境。

■ **课后训练**

以下三部先锋戏剧都是由贝克特《等待戈多》改编而来,请观赏后思考:历时数年,《等待戈多》的改编戏剧的变化映射出中国先锋戏剧理念怎样的嬗变。

年 份	编 剧 与 剧 名
1991 年	孟京辉《等待戈多》
1998 年	林兆华《三姐妹·等待戈多》
2004 年	李然《等到戈多》

■ **参考回答**

详见附录一:《等待戈多》与中国戏剧之剧场身体的流变。

■ **延伸阅读**

J. L. 斯泰恩:《现代戏剧理论与实践》,刘国彬译,中国戏剧出版社,1989年版。

孙惠柱:《第四堵墙——戏剧的结构与解构》,上海书店,2006 年版。

孟京辉:《新锐戏剧档案》,作家出版社,2011 年版。

孟京辉:《孟京辉先锋戏剧档案》,新星出版社,2010 年版。

田沁鑫:《田沁鑫的戏剧本》,北京大学出版社,2010 年版。

第七讲　电影

■ **本讲课时**

2 课时

■ **重点与难点**

（1）观赏赖声川的《暗恋·桃花源》，讨论戏剧与电影的差异，并把握其戏中戏的三重空间结构。

（2）观赏杨德昌的《一一》，从电影镜头叙事的角度，分析"一一"之名的多重意涵。

■ **课前热身**

每一门艺术之所以成为独立的艺术门类，都是因为它有独属于自身的艺术特性与艺术技巧，那么，电影的独特性在哪里呢？请查阅相关资料，尝试一议。

观赏与讨论一：
《暗恋·桃花源》电影版　赖声川

1.1　请观赏《暗恋·桃花源》电影版，思考以下问题

（1）本片呈现了哪些主题？

（2）你印象最深的细节是什么？

（3）你有疑问的地方是哪些？

1.2　主题一：元戏剧认知

（1）你所观赏的《暗恋·桃花源》是戏剧，还是电影？

图 1-7-1　分镜图

（2）为更好地讨论之前的问题,我们可以先看上页的画作,你认为上面有几幅图片?

图 1-7-2　完整图

看似有四张图片,其实都出自一幅,只不过我们受到镜头的诱导,以为是四张。电影镜头限制了我们观看的视角,但戏剧没有"镜头"。当然,反过来说,戏剧艺术也必须综合运用演员动作设计、剧本编排、场地控制等多种技术来"引导"观众观看。

（3）再想想,你判断是戏剧与否的标准是什么?

本片中,林青霞到底有几重身份?

她是摄像机前的演员、话剧舞台上的演员、是《桃花源》电影版中的云之凡、是导演眼中的山茶花、是《桃花源》的观众。这个问题带领我们了解**戏剧的三重结构**:

三种身体:	剧本身体、演员身体、观众身体
三种空间:	剧本空间、舞台空间、剧场空间

不同空间彼此呈现看与被看的关系。这又牵涉"戏剧"板块中介绍的布莱希特"间离"理论。在本片中,"间离"多次出现,提醒我们这是假的、这是一场戏。我们看到樱花是如何落下的,饰演老陶的演员是如何"划船"的,舞台后演员是如何上妆的,导演是如何指导排戏的等。与此同时,"反间离"也多次出现,老陶在舞台上按照剧情设计打不开瓶盖,在舞台后,袁老板也同样打不开保温杯的杯盖。《暗恋》导演与助手的关系与江滨柳及江太太的关系极为类似。

本片呈现的有关戏剧元认知的"间离"、"反间离"技术,可以帮助我们进一步理解全片梦与现实的大框架。

1.3 主题二:梦与现实、追寻与失望

神秘女在寻找刘子骥,而刘子骥却是《桃花源》中一个想象的角色,现实生活与舞台生活突然衔接起来。本片中的两个故事也都是围绕追寻展开的。袁老板与春花在追寻新的生活,老陶去上游捕鱼,追寻一场可以补救的婚姻。江滨柳追寻三十多年前的那场初恋,追寻云之凡。江太太追寻江滨柳将要逝去的生命与难以挽回的初心。

追寻勾连起梦与现实,又不断强调着梦与现实间的距离。

间离与反间离的结构,一边暗示梦与现实的差异,一边又弥合梦与现实的裂缝,甚至置换两者的关系。

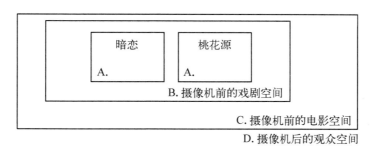

图 1-7-3 《暗恋·桃花源》的空间结构

在 A 层空间,演员在《暗恋》或《桃花源》中追梦寻梦,又感受梦醒后的现实。B 层空间,对《暗恋》的演员而言,《桃花源》是一出戏、一个梦境。对《桃花源》的演员而言,也是如此。C 层空间,相对观众空间,摄像机前的电影空间也是一场梦境。"间离"在反复提示我们梦与现实的差异,但"反间离"却告诉我们其实两者并无本质区别。梦超越现实,梦回到现实,梦就是现实。对 D 空间的观众而言,出于观赏空间的他们又是否也在如梦一般的现实之中,一如那个追寻梦境中刘子骥的神秘女。

寻找是因失望而起的,找到的结果依旧是失望的,与寻找相关的人都是失望的。

1.4 主题三:台湾

在影片中,桃花源的导演突然发现场务人员在桃园背景上留白,留出的部分为一棵桃树状,并且另外绘制了一棵可移动的桃树。于是,桃树变成了"逃"树,逃离背景之树。这样的设计有何用意呢?

1.5 主题四:一场沟通,还是反沟通

全片在两戏同台的段落走向高潮,想一想,此段落的诸多巧合只是为了呈现有趣的戏剧效果,博人眼球吗?你是否在平时生活中经历过看似沟通,实则彼此无法理解的情况?是没有彼此理解的能力,还是不愿意彼此理解呢?这样的伪沟通恰是"失语"的另一种表现。这里,导演把共时性的绝望推向了历时性的绝望。

观赏与讨论二: 《一一》杨德昌

核心问题:全片没有一个角色叫"一一",为何片名为《一一》呢?

从字音看,"一一"是一个叠音词,而全片所有人名都为叠音:婷婷、洋洋、敏敏、云云……

从静态看"一一"的字形,全片开场的"一一"二字是竖着排列的,呈现出对称性关系。具体说来可分为以下几组对称:

(1)片中有多组对称性人物关系,如:大田小田、NJ阿弟。片中所有三角关系都是糟糕的、危险的。反讽的是,三角关系是数学范畴中最稳定的关系。

(2)片中物的对称性关系呈现为镜像关系。比如:玻璃。导演很喜欢用玻璃镜像进行叙事。比如医院争吵一幕中,主人公安静地立于医院玻璃墙边喝水,影片的镜头对准玻璃,既映射出主人公的身影,又清晰地映射了主人公背后多人争论的场景,诸如此类的"玻璃叙事"很多,大家不妨找一找其共性与差异,讨论之。

总体而言,玻璃叙事象征着:失焦、失衡、偏离。

此外,玻璃叙事还具备延伸、融合的功能。比如,影片中一个起到关键叙事作用的环节是在玻璃反射中呈现的。主人公与初恋错过的经典片刻——吴念真(影片中饰演 NJ)正从玻璃房似的办公室内走出,玻璃墙映射出房外助理接电话的样貌,此刻助理接到了 NJ 初恋的电话,影片音频播放:"我们老板刚来啦,我待会儿再告诉你。"作为观众,我们看到助理误以为老板回来,而老板此刻恰好离开。本可以用蒙太奇完成的镜头,此时却通过"玻璃叙事",用一个静止镜头完成了。玻璃便在实际与象征两个层面起到了整合与延伸的效果。

玻璃的两重功能合一,使得生活在偏离中重组,分离嵌合为一体。

(3)具备"偏离中重组特质"的人:婆婆

婆婆陷入昏迷,从而启动了家中所有成员进入自我探索的过程。婆婆是"一面镜子"。她在文本叙事中接替了镜头叙事中"玻璃"的功能。也是导演在我们生活中安放的一片玻璃,一面镜子,一个启发自我的契机。

(4)具备"偏离中重组特质"的物:相机

洋洋具体相机的象征义:对可见性之追寻。洋洋展现了人们对"视见力量 visible"最纯真、最坚定的信仰。世界因其具有可见性而被确立。

然而,可见世界恰是由不可见世界映射出来的,一如婆婆、玻璃的功能。是生活之虚像成就了实像。此刻,可见性"真实"的地位被动摇了。

从动态看"一一"的字形,全片开场时,"一一"二字是动态写出的。暗示出繁衍(父亲、婷婷、洋洋)与轮回(一个婚礼与一个葬礼)。

在视觉文本中,杨德昌善用"景框"叙事。片中多次出现框中框、几何布局。同学们不妨寻找、收集,供我们课上逐一讨论。

此外,远景静止景框一如监视器。主人公与友人在餐厅二楼用餐,观众从远处看到餐厅两层楼面的完整景观,透过玻璃可见两人相对而坐、对餐畅谈的景象,如此遥远的距离本不可能清晰听闻两人对话,但影片音频却清晰呈现,似乎观众是窥探者,安置了某些窃听设备。远景叙事,听觉感知却如此清晰,演员对话如在耳边。

这样的景框叙事造成了平面中的曲折化。几何上多重嵌套的曲折立足于空间,而远景视听的曲折立足于时间,眼前静止的时间与耳边线性的时间构成张力关系。

曲折的反复让自由变成了消耗。"看"本应是真切的、清晰的,但杨德昌通过玻璃叙事不断暗示我们所见之真实不过是真实的投影,一如柏拉图洞穴之论。感官的感知本应是多元的,综合之后更贴近现实的。但远景景框中视听的割裂与矛盾再次让观众反躬自省,逐步发现感官的无力。那些赋予我们"自由"的耳目口鼻,如今反成枷锁。或许,自由本身就是牢笼。

■ **课后训练**

请于以下推荐影单中选择一部电影观赏,并完成一篇观后感。

《时时刻刻》史蒂芬·戴德利

《坏孩子的天空》北野武

《一次别离》阿斯哈·法哈蒂

《情书》岩井俊二

《何处是我朋友的家》阿巴斯

《东京物语》小津安二郎

《芬妮与亚历山大》伯格曼

■ **参考回答**

课前热身题——

电影艺术的发展虽不过数百年光景,但其艺术理论分支纷繁芜杂,从库里肖夫效应、理性电影、电影眼睛派到写实主义、物象至上主义,从电影符号学、电影语言、"想象的能指"、镜像阶段、女性主义风潮到新好莱坞电影、意识流电影。总体而言,电影艺术理论可以20世纪60年代为界,分为经典期与现代期两大阶段。前期用传统美学来表述电影,其作品与社会背景分离。常见的研究主题为:电影是否为艺术,电影与其他艺术的关系。后期电影艺术理论涉及符号学、精神分析学、马克思主义等多种理论。其常见的研究主题为:电影是不是语言,观众和影像的关系是什么。

电影理论虽驳杂,但电影艺术最重要的特性还在于"蒙太奇"手法的运用。"蒙太奇"是音译的外来语,其法语名为Montage,原为建筑学术语,意为构成、装配、拼接。最早被沿用于电影艺术中,后来被广泛应用在视觉艺术等衍生领域中,包括室内设计和艺术涂料领域。当不同的镜头组接在一起时,往往会产生各个镜头单独存在时所不具备的含义。比如卓别林把工人群众赶进厂门的镜头,与被驱赶的羊群的镜头衔接在一起,又如普多夫金把春天冰河融化的镜头,与工人示威游行的镜头衔接在一起,就使原来的镜头表现出新的含义。爱森斯坦认为,将对列镜头衔接在一起时,其效果"不是两数之和,而是两数之积"。凭借蒙太奇的作用,电影享有时空的极大自由,甚至可以构成与实际生活中的时空并不一致的电影时间与电影空间。蒙太奇可以产生演员动作和摄影机动作之外的第三种动作,从而影响影片的节奏。早在电影问世不久,美国导演,特别是格里菲斯,就注意到了电影蒙太奇的作用。后来的苏联导演库里肖夫、爱森斯坦和普多夫金等相继探讨并总结了蒙太奇的规律与理论,形成了蒙太奇学派,他们的有关著作对电影创作产生了深远的影响。

■ **延伸阅读**

戴锦华:《电影批评》,北京大学出版社,2004年版。

毛尖:《非常罪,非常美——毛尖电影笔记》,广西师范大学出版社,2003年版。

丁亚平、张颐武、崔卫平、刘擎:《电影记忆》,文化艺术出版社,2005年版。

第二篇　研究路径

第一讲　精神分析

■ **本讲课时**

1 课时

■ **重点与难点**

了解精神分析理论在心理学与文艺学两大范畴中的理论知识,并运用相关知识分析《哦,香雪》一文。

■ **课前热身**

给小 A 看一幅图片,上面是一个男孩和一把没有弹奏的小提琴。小 A 由此描绘出如下的故事:"这个男孩的身体和智力有些问题。他不高兴。他想拉小提琴,但他不会,也许他是个聋子。这个男孩不是那种拿起琴摔到地上的人。够了吗? 我不知道这地方是干什么的,显然,这不是什么可吃的东西……"

上面这段话中,小 A 使用了哪些防御机制?

■ **教学环节**

1. 概念阐释

精神分析理论是由奥地利精神病医生弗洛伊德建立起来的。他从自己的医疗实践中发展起精神分析的治疗方法。而这样一套理论在心理学、文艺学、社会学等多个领域都有延伸。以下从文艺学与心理学两大方面进行介绍。

2. 文艺学之精神分析
——雅克·拉康与成长三阶段

雅克·拉康（Jacques Lacan）重新解读了弗洛伊德的理论，认为精神分析学说是植根于文化的，而非生物学的领域。如其所言："将从头到尾都浸润着文化意蕴的弗洛伊德思想从其坚守的生物学领域转移到文化领域。"

我们从出生起就处于"匮乏"（lack）的状况中，我们试图追寻幻想中的"充盈"（plenitude），通过移情策略与替代品来聊以自慰。

这样的成长过程，可以细分为三个阶段：镜像阶段（mirror stage）、去—来游戏阶段（for-da game）、俄狄浦斯情结阶段。

2.1 镜像阶段（mirror stage）

拉康认为我们的生命一开始处于"实在界"（the real）内。此时的我们是混沌的，也是一种"自然的"状态。婴儿有需求，则得到满足，这是一个圆融之所。实在界是尚未被象征化、被文化化的物质界，它包含了内心世界的本能驱动，也包含外部世界中的客观现实。在幼儿发育的早期阶段，主体与对象、自己与外部世界之间的明确区别如何尚未成为可能。我们所拥有的"自己"（self）似乎化入种种对象，而种种对象又化入这个自己。在这个前俄狄浦斯状态中，儿童经历着自己与母亲的身体之间的一种"共生"（symbiotic）关系，而这一关系模糊了此二者之间的一切明确的边界。

然而，认识到"实在界"的我们，已然处于"象征界"与"想象界"之中。实在界是客观存在的，但始终以被文化所建构的形式存在。文化的王国始终凌驾于自然的王国之上，词的世界创造了物的世界。在拉康眼中，实在界是一种脱离语言符号秩序的"缺席的在场"。它是原始的无知无序,是欲望之源,在人类思维与语言之外但又永远"已在此地"。一旦言说,则进入想象界与象征界了。

在孩子出生后第六个月至第十八个月,他将经历"镜像阶段"。在此之前,孩子们感觉自己和母亲是一个不可分割的整体,而当他们第一次在镜子中看到自己的影像时,他们将察觉到自己乃是一个独立的个体。镜子象征着婴儿尚未获得的协调力与控制力。他们看到的不仅仅是当下的自己,而且是一种预示的更加完整的自己。在这种观照下,"自我"开始浮现。主体意识产生,支离破碎的身体影像已转化为整体性存在的幻想。镜中形象既是他自己又不是他自己,主体与客体之间的混淆依然存在。这个自己,本质上是自恋的。自我的形成,是通过"认同"来起步的。但是这个形象是一个异化了的形象,幼儿在其中"误认"(misrecognize)他自己,并在这一形象中发现了一个他在自己的身体中实际上还体验不到的令人高兴的统一体。所以,这一形象领域是想象的。此时进入想象界(the imaginary)。自我就是这一自恋过程,凭借着它,通过在世界上发现某种我们可以与之认同的东西,我们支撑起来一个虚构出来的统一自我感。

2.2 去—来游戏阶段(for-da game)

弗洛伊德曾在《超越快乐原则》中记录了一个经典案例,即缠线板游戏。一个十八个月大的孩子,通过该游戏来排解母亲缺席产生的焦虑感。孩子把缠线板扔出去的时候就说 Fort(德语"去"),拉回来的时候就说 Da(德语"这里")。这个游戏象征着丧失客体(母亲)的焦虑与拉回后重现客体的快乐。分离触发了婴儿对"他者"的感知。这也是孩子进入语言的时间。语言本身总是涉及丧失与缺席。语言造成了存在与意义之间的疏离。在进入语言之前,我们只拥有存在,拥有一种自给自足的圆融感,而进入语言后,我们开始同时兼具主体与客体两种角色。"我在语言中对自我进行了认同,但付出的代价就是我像一个客体一样在语言中失去了自我。"

同一性(identity)仅仅是作为差异的结果而出现的:一项或一个主体之所以是其所是者只是由于排除了另一项或另一个主体。婴儿的啼哭是一个信号。

他无意识间学到了一个符号预先假设着（presupposes）它所表示的事物的不在（absence），我们的语言"代替"（stands in）事物。他开始感觉到作为一个主体的他的同一性是由他与周围各个主体之间的差异与相似这些关系所构成的。他已经从这一完满的想象性占有之中被放逐到那个"空洞的"语言世界。语言之所以是"空洞的"是因为它只是一个无穷无尽的区别与不在的过程。拉康大胆地把笛卡尔的"我思故我在"（I think, therefore I am.）改写为"我不在我思之处，我思在我不在之处"（I am not where I think, and I think where I am not.），试想一下，当你在说"我正在全身心地想着你"时，前面还需要加上"我想"二字，恰好与所言矛盾。在说和写的过程中，这两个"我"似乎达到了某种大致的统一，但这却只是一种想象出来的统一。"发言主体"即正在实际说、写的个人，绝不可能在他所说的东西中充分再现他自己。"言中主体"（subject of enunciation）与"发言主体"（subject of enunciating）是不同的。

镜子的"隐喻"世界（metaphorical）已经让位给语言的"换喻"世界（metonymic）。

2.3　俄狄浦斯情结阶段

拉康把弗洛伊德人格发展阶段理论中的俄狄浦斯现象分为三个阶段：第一阶段，主体与母亲处于直接的二元关系中；第二阶段，父亲作为一种否定力量介入进来，他颁布法律和禁令，主体进入了象征秩序，但尚未接受父亲的法律，因为他还不能理解这法律的文化意义；第三阶段，父名被视为这个象征功能的承载，父亲象征着法律与秩序。主体接受父亲的法律并认同父亲，通过自我实现将自己真正放置到象征的秩序之中。

在第三个成长阶段中，儿童面对性别差异与俄狄浦斯情结，要逐步完成从虚像到象征的转变，弥合自己与他者之间的沟壑。他们意识到完全的满足感已经无法企及，于是一切经验就变成了一场从能指（signifier）到能指的运动，永远不可能固定在某一个所指（signified）上。正如那个去—来游戏一般，我们从一个替代物漂向另一个替代物，永远无法重获纯粹的、哪怕是想象性的自我认同与满足。比如,在一些文学作品中,我们可以看到"爱"成为最终解决一切问题的途径。它似乎正是人们无休止地追寻母体的替代品。爱行之有效地让我们重返实在界,回到无比幸福的充盈状态之中。

3. 心理学之精神分析

3.1　弗洛伊德(Sigmund Freud)1856—1939

1)解剖模型与结构模型。

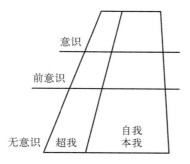

图2-1-1　弗洛伊德的心理结构图

注:本我遵循快乐原则。自我遵循现实原则。超我遵循道德原则(代表社会的、特别是父母的价值标准)。

2)力比多与死的本能。

本能可分为两类:生或性本能,一般指力比多(libido),死与攻击的本能,称为塔纳托斯(Thanatos,希腊神话中死神)。由性驱动的行为还包括几乎所有以获得快乐为目的的行动。大多数情况下,死本能地转向外部,表现为对他人的攻击,死的愿望仍然是无意识的。

3)防御机制:自我处理非期望想法和欲望的技术。

a. 压抑(repression)

压抑是一种积极的努力,排除在意识之外,但它并不是无需付出代价的,因为压抑是一个稳定、主动的过程,它需要自我持续地消耗能量。压抑大量强烈的想法和冲动,使自我没有剩余能量可以运作。

b. 升华(sublimation)

升华用得越多,我们自身的创造性越强。它是唯一真正成功的防御机制。自我把危险的无意识冲动转化为社会认可的行为,参加攻击性的运动可以使无意识的攻击性冲动以被社会接受的方式发泄出来。

c. 替代(displacement)

替代将冲动导入一个没有威胁性的目标物中,不同的是,替代性冲动不会带来社会的奖赏。比如:父母吵架,冲孩子发泄。弗洛伊德认为许多不合理的害怕或恐惧只不过是象征性替代,例如一个孩子害怕马,其实是害怕父亲。

d. 否认(denial)

压抑是忘记了,否认是坚持认为不是真实的。

e. 反向作用(reaction formation)

在运用反向作用时,我们会按照与无意识欲望相反的方式行动,用以躲开可怕的念头或欲望。

f. 理智化(intellectualization)

使用一种严格的理智而非情感的方式检查我们的意念,可以使某些想法进入意识,而不造成任何焦虑。如:一位女性反复念叨系紧安全带。

g. 投射(projection)

有时我们把一种无意识冲动归为别人的,而不是我们自己的。例如:一个认为她周围邻里私生活都不检点的女人,可能是她自己想与隔壁的已婚男人发生暧昧关系。

4)解答无意识内容的七种技术。

梦、投射测验、自由联想、口误、催眠、意外、象征行为。其中投射测验还可分为:罗夏墨迹测验、主题统觉测验、屋树人测验。

3.2 阿德勒

1）寻求优越

与弗洛伊德不同的是,阿德勒认为只有一种动机推动着人们,就是寻求优越(striving for superiority)。而具有讽刺意味的是,寻求优越源自自卑感。人们从出生就有自卑感,主要源于虚弱和无助的儿童需要依赖更年长、更强壮的人才能生存。而之后人们所做的所有事情,都是为了建立一种优越感来克服生活中的障碍、克服自卑感。

2）父母对人格发展的影响

有两种类型的父母行为肯定会导致儿童后来的人格问题:第一种,父母给孩子过多的关注和过度的保护,也就是溺爱。第二种类型的错误,即对孩子的忽视。很少受到父母关注的儿童,长大后,多半会变成冷酷的、怀疑他人的人。他们往往不能与别人建立亲密的个人关系,这会让他们感到局促不安。

3）出生顺序(birth order)

头生儿自卑感大多比较强烈,他们之中容易产生:问题儿童、神经症患者、罪犯、酒鬼等。

表2-1-1 埃里克森:人格发展阶段表

人 生 阶 段	主要发展任务	良好人格特征
婴儿前期(0—2岁)	获得信任感,克服怀疑感	希望
婴儿后期(2—4岁)	获得自主感,克服羞耻感	意志
幼儿期(4—7岁)	获得主动感,克服内疚感	目标
童年期(7—12岁)	获得勤奋感,克服自卑感	能力
青少年期(12—18岁)	形成角色同一性,防止角色混乱	诚实
成年早期(18—25岁)	获得亲密感,避免孤独感	爱
成年中期(25—50岁)	获得繁衍感,避免停滞感	关心
成年后期(50岁以后)	获得完善感,避免失望感和厌恶感	智慧、贤明

■ 　课后训练

阅读铁凝的《哦,香雪》一文,思考以下问题:

1. 如果作者安排香雪寻求的不是一个铅笔盒,而是一本书,本文的主旨会有何不同?

2. 香雪与凤娇分别属于拉康所言"实在界"、"想象界"、"象征界"的哪一阶段?为何?

提示1:想想本文所示香雪与凤娇的根本区别。

提示2:香雪为何一定要给对方鸡蛋?

提示3:香雪的交换行为是否成功了?

■ 　参考回答

课前热身题——

这个男孩的身体和智力有些问题。他不高兴。——投射

这个男孩不是那种拿起琴摔到地上的人。——否认

■ 　延伸阅读

Jerry M. Burger:《人格心理学》,陈会昌等译,中国轻工业出版社,2010年版。

弗洛伊德:《释梦》,孙名元译,商务印书馆,1996年版。

阿德勒:《自卑与超越》,李心明译,光明日报出版社,2006年版。

第二讲　女性主义

■ **本讲课时**

2 课时

■ **重点与难点**

认识女性主义的演变历程与局限。

■ **课前热身**

阅读梁衡《跨越百年的美丽》一文,思考以下问题:

(1) 梳理文中"美丽"的多层内涵,填入以下空格:

表 2-2-1　"美丽"内涵梳理图

负面	正　面		
	节(1)		
	节(2)　美丽	〔对象:居里夫人〕	外
	节(3)　美丽	〔对象:居里夫人〕 〔对象:镭〕	内
漂亮	节(4)　美丽		
	节(5)　美丽		
	节(6)　美丽	〔对象:居里夫人+镭〕	内外融合 升华1
美名	节(7)　美丽	〔对象:居里夫人〕	升华2

（2）全文应该是层层递进的,那么为何"永恒"之美列于"理性"之美前面?

提示:以下语段揭示出女权主义运动中存在怎样的问题? 上文是否也存在类似问题?

- 罗杰·阿谢姆称赞伊丽莎白女王:"她的头脑没有女性的软弱,她的毅力与男性并驾齐驱。"
- 伊丽莎白说:"我知道我拥有女人软弱无力的身体,但是我却有着国王的心胸和勇气。"
- 美国总统约翰·亚当斯称赞玛丽·沃斯通克拉夫特,说她是"一位拥有男性般高明理解力的女士"。
- 卡文迪什在《世界杂集》的序言中写道:"如果让我们上学,开发智力,增长知识,我们会和男人一样拥有清晰的理解力。"

——摘选自玛格丽特·沃特斯:《女权主义简史》,

外语教学与研究出版社,2015 年版。

■ **教学环节**

1. 概念阐释

1.1　历史背景

女性主义的第一次高潮兴起于 20 世纪初。此时虽然没有独立的女性主义文论出现,但西蒙·波夫娃的《第二性》以及伍尔夫《一间自己的屋子》使得清算男性文学中的性别歧视及研究女性文学传统和创作困境的女权主义文学初具规模。

其第二次高潮兴起于 20 世纪 60 年代,此时期女性主义文论正式诞生。这次女权运动的高潮是与当时的法国学生运动、美国公民权运动和抗议越战运动相伴而生的。换句话说:政治与文学有着不解的联系。挪威学者托里莫伊在

《性与文本政治》中也曾提到："女权主义批评家同任何其他激进的批评家相似，均可被视为一切主要关照社会和政治变革斗争的产物；她们在其中的主要作用是试图将如此普遍的政治行动扩展到文化领域。这场文化、政治的战斗必然是双向的：它的目标的实现，既要通过政治改革，又要通过文学媒介。"也就是说，要实现女权运动的最终目标就要靠政治行为，而这种政治行为又必须以文学为媒介。而女权文论的作用就在于很好地发挥文学的媒介作用："女权主义批评是一种政治行为，其目标不仅仅是解释这个世界，而且也要通过改变读者的意识和读者与他们所读的东西之间的关系去改变这个世界。"

这里既然提到女性主义文论与政治活动的相关性，我们不妨追溯一下女权主义运动的兴起。可以说它诞生于新生的资产阶级妇女中，并且同法国工业革命和美国废奴运动息息相关。18世纪末的法国，资产阶级革命为清除封建土地所有制和贵族政体而提出"自由、平等、博爱"的口号。而一同参与革命的妇女很快发现所谓的自由平等都是男性的，并不属于妇女。于是当时的妇女领袖奥伦比德古日在1791年发表了针对《人权宣言》的《女权宣言》。但由于这位女性的勇敢行为明显违背当时社会既定的道德准则，在1793年她被送上断头台，但她的呼声起到了极为深远的影响。

在与法国一水相隔的英国，玛丽·沃斯通克拉夫特受法国大革命影响而写了《为人权一辩》和《女权辩护》。她提到："不仅男女两性的德行，而且两性的知识在性质上也应该是相同的，即使这种知识在程度上不相等。女人不仅应被看作是有道德的人，而且是有理性的人，她们应该采取和男人一样的方法，来努力取得人类的道德。"此时的思想家主要受到启蒙运动的鼓舞，所以倡导理性。而沃斯通克拉夫特就是以理性批判为武器发出妇女自己的声音。

19世纪30年代的美国兴起一场轰轰烈烈的废奴运动，妇女们也积极投身其中。当她们同男性一样出生入死的时候，却不为她们的男性伙伴所重视。1840年女权运动的创始人卢克丽霞·莫特和伊丽莎白·凯迪斯坦顿以废奴主义者的身份参加在伦敦召开的废奴大会时，美国废奴运动的男性代表却坚决反对给予她们正式的代表席位，可见，当妇女们在看到奴隶苦难的同时，自身也处于受压制和无权利的状态。于是在女权主义第一个高潮中，英美妇女首先在

20 世纪 20 年代获得了选举权,当时的资产阶级妇女向男性统治者要求平等参政、就业、受教育、财产继承权等,但这种平等事实上停留在表面,因为这种平等标准本身也是在男性"自由、平等、博爱"这样的父权制文化意义上的平等。因此直到 20 世纪 60 年代,当广大妇女真正对父权制思想文化本身提出质疑时,才有理论化的女性主义文学批评诞生。

而催生它们产生的不仅仅是政治活动,还有另一个重要源头——文学理论自身的发展。肖尔瓦特就曾说:"如果说女权主义文学批评是妇女运动的一个女儿,那么它的另一个父母则是古老的父权制文学批评和理论成果。"比如英美的女性主义者依据女性的经济地位对其长期创作的影响进行分析,并且用性别取代阶级,由阶级压迫走向性别压迫,这都是受到马克思主义文论的影响。又比如后继的女性主义者所采用的去中心化和多元化的各种手法也是在解构主义影响下产生的。德国的接受理论、美国的变体读者反应批评,新批评的细读方法,叙事学的结构分析,后殖民主义理论等在女性主义文论中都有借鉴和吸纳,因此可以说女性主义理论有巨大的理论包容性及繁杂性。

1.2 分类方式

刚才提到女性主义文论纷繁复杂的特性,这也就使得对其的分类工作有一定难度。所以之前已经有多种版本的分类方法。这里大致介绍较主流的几种。

美国女权主义批评家伊莱恩·肖尔瓦特在其早期论文《走向女权主义的诗学》中将女权主义批评分为两大类,一类关涉的是作为读者的妇女。这一分类方法提出"女性读者"这一假设,促使我们改变对一个给定文本的理解,提醒我们领会其隐含的性别符码,被她称为"女权批评"(feminist critique)。第二类则是关涉作为作者的妇女。研究由妇女创作的文学的历史、主题、类型、结构,被称为"女性批评"(La gynocrtique)。我们可以看到这种分类的一大缺陷在于忽视了种族和他者妇女(即白人妇女之外的黑人和第三世界妇女),因此在其后期作品《我们自己的批评:美国黑人和女权主义理论中的自主与同化现象》中,她纠正了这种分类方法,做了更细致的分类。加入女性美学、妇女批评、后结构主义、女权主义和性别理论等分支。

这里我们看到肖尔瓦特主要是从纵向维度及历史政治这条线索上去分类的。包括后来克里斯提娃和乔纳森卡勒都是如此。而另一种具有代表性的分类方法来自吉尔伯特和苏珊格巴的论文《镜与妖：对女权主义批评的反思》，其中将女权主义文论分为镜子式和女妖式两大类。前者基于"文学是客观现实的反映"这一前提，利用文本考察社会与心理联系，重新评价作家笔下的女性形象，多以"作者、历史、规范、文体、阶级、种族"等文字为代表的知识结构为基础。而女妖式批评立足于从父权制的禁锢中寻找解放女性的力量，与"菲勒斯逻各斯中心主义"①做斗争。

以上简要介绍了两种分类方法，而这里我们所依据的分类方法主要通过"主题研究"的形式，这种分类的好处是它是横向、纵向兼顾的一种方法。

2. 四则主题

主题一：女权批评

这是女性主义文论初期的批评方法，与政治结合紧密。

肖尔瓦特在《走向女权主义诗学》中为其做出解释："同其他类型的批评一样，它是针对文学现象的思想意识背景，并基于历史分析的探讨。它的课题不仅包括妇女在文学作品中的形象、文学批评中对妇女的忽视和歪曲，以及男性构建的文学史的种种疏漏，还涉及对妇女读者的利用和控制，特别是公共文化活动和电影中，也包含在符号学系统中把妇女作为一种符号的分析。"从中我们不难看出女性主义初期所倡导的：以特殊的女性经验为指导，对各种作品进行

---

① 德里达认为，西方社会有一个菲勒斯中心，即男性中心的传统，一个逻各斯中心，即理性中心的传统，这两个传统结合在一起，形成一种鲜明的二元对立思维模式（详见伊格尔顿《二十世纪西方文学理论》之"后结构主义"部分）。而解构主义就是要解构这一传统。女性主义者吸收利用了这一理论。

创造性的女性阅读。

然而朱迪斯菲特里在《抗拒的读者》中提到了男性文本对女性经验的排斥。多数文学作品都持有其普遍性,但同时又用具体的男性词语来界定这种普遍性。因此,在这些小说中,女性读者共同加入了一种她被其所明确拒斥的经验中,"她被要求认同一种与她相对立的自我",或者可以说"她被要求反对她自己"。

在这种阅读困境中,女性主义要求:从赞同性读者走向抗拒性读者。

比如凯特米特勒在《性政治》中指出劳伦斯笔下的"性"等同于"阳物",在他看来,男性阳物代表生机和力量,是使其从与自然疏离的状态返归自然的救世主,相对于男性生殖器,女性生殖器官则被极力地贬损,女性形象也因此只是一个被动的、崇拜阳物的、没有自主性和自由意志的对象性存在。米特勒还揭示了在一些以男同性恋为题材的作家作品中,总有一个男性被贬损为女性,并分析他们对男性同性恋文本中"女性"自卑心理的评价。

而女性主义者们在重审男性作家文本,进行颠覆性阅读之时,也把目光聚焦于妇女形象的批评,这其中不但包括男性作家的文本分析,还包含了那些不自觉受父权制标准影响而使内在经验发生歪曲变形的女性作家文本。

这里我们可以看到这一类女性主义批评有一个基本假设,就是妇女存在先验的经验,于是她们可以通过建立自身经验与阅读的连续性,从而解构作品中的女性形象。然而女性主义者又否认非价值批评的存在,所有阅读和批评都有来自社会政治文化和个人因素的限制,因此所谓的普遍价值是不存在的,传统的普遍性价值不过是单一的男性批评标准。而女性主义者要建立女性阅读自身的合理性。在这里女性主义者吸纳了接受美学的理论,认识到不同人在阅读前各异的期待视野,然而既然如此,先验而共同的女性经验又如何存在呢? 可见这里出现了悖论。

主题二:女性传统

女性主义者指出传统的文学史是由一个个"文学经典"汇成的男性文学的历史。它通常按照菲勒斯的批评标准决定哪些作家和作品可以被收入文学史,成为"传统"的一部分。这种批评的结果就是大批妇女作品被排斥于文学史之外。菲勒斯批评又反过来以此为依据说明妇女文学没有价值或根本就不存在。所以要谱写女性文学传统,首先就要从妇女文学的重新发现开始。

其实,许多女性文学作品不是因为其质量不高而被拒斥于主流文学之外,而是因其对现实和现有文学原则的抗拒性而被有意埋没的。曾有一位女性主义者这样描写女作家的渴望和困境:"她在诗歌或小说中寻找她在世上生存的方法,因为她也一直在把词汇和形象编织在一起,她热切地寻找着指导、方向和可能性,而在文学那充满男性说服力的词汇中,她一遍又一遍地遇到否定她一切的东西。"

于是,女性主义者有了初期的尝试,力图勾勒出一个属于女性的完整的文学史。比如艾伦莫尔斯在《文学妇女》中把西方文学传统中重要的和不那么重要的女性作家统统聚集在一起。第一次尝试描写了女人写作的历史和她们创作中反复出现的主题、意象、写作风格等。她将这一历史看成是一股与男性的主要文学传统并肩前进的或在这个传统底下的强大的暗流。但后来的女性主义批评家肖尔瓦特则不赞同这点,她认为诸如"传统"的概念会阻滞妇女对文学史的介入。而且相对于莫尔斯把妇女文学看作一股不同于国际主潮的强大暗流的观点,她则认为女作者的文学声誉是稍纵即逝的。她认为"每一代女作家都在某种意义上发现自己没有历史,不得不重新发现过去,一次又一次地唤醒她们的女性意识"。

肖尔瓦特把女性文学视为一种亚文化。她认为女性的写作是出于一种共同的心理和生理的体验:青春期、行经、性心理萌动、怀孕、分娩和更年期闭经等女性特有的生理过程以及作为女儿、妻子、母亲的社会角色的独特心理体验等。于是就形成一种非自觉的文化上的联系。由此她又根据文学亚文化的共性,将妇女作家的创作分为三个阶段:一、"女人气"阶段(Feminine)。这是一个较长期的模仿主导传统的阶段。二、"女权主义"阶段(Feminist)。这是一个反对主导标准和价值,倡导少数派权利、自主权的时期。三、"女性"阶段(Female)。这是一个自我发现,摆脱对立面依赖的阶段。

我们看到虽然对文学传统的追溯让女性主义者得到某种归属感上的补偿,

但 20 世纪 60 年代以后的女性主义理论也对此提出了质疑。这主要体现在法国女性主义者与英美女性主义者不同的理论道路。前者体现更多的解构色彩，这在之后的语言章节我们会进一步讨论。简而言之，她们认为如果像英美女性主义者那样，一定要寻找一种固有的女性文学传统，就有可能将这些女性主义者置于父权制同盟的地位，因为她们一方面有可能建立一种简单的以女作家代替男性作家的文学史，客观上维护了父权制的文学史观念，削弱了女性文学的全方位的颠覆性力量，一方面又不自觉地以居高临下的态度对妇女说话，造成对有色妇女、工人阶级和同性恋妇女的歧视甚至是无视。此外，法国女性主义者对女性本质论也提出质疑，认为不存在生物学意义上的女性本质，因而那种以作家的性别为出发点的对女性文学传统的寻找也是不恰当的。

主题三：女性写作

艾米莉·迪金森有一句名言："讲真理，但以倾斜的方式来讲。"这其中也道出了女性创作的困境及特点。它包含了两层含义：一是始终有一种阻力妨碍妇女"讲真理"。二是妇女在以一种不同的方式写作。

这里先概括一下女性主义者认为女性写作困境的几种起因：

1）经济上不独立，这也使得妇女很难得到男人们所受的教育。而即使受到教育，也会出现这种不可避免的情况："她们学了 313 个男作家，却只有 17 个女作家……"

艾德莲娜里奇对自己写作生活的描述："我的诗是在孩子们午睡时或在图书馆的零碎时间里或在凌晨 3 点钟被孩子吵醒后草草写成的。那时我因不能连续工作而感到失望。但我开始觉得我那支离破碎的诗篇里有一种共同的意识和共同的主题，早些时候我会很不情愿将它们写下了来，因为我所学到的是诗歌必须具有'大众性'，这当然意味着不能有女性色彩。"

这里又另外指出了女性写作的两种困境：

2）家庭主妇的身份使她们无法专心写作。

3）那种要求"大众性"的菲勒斯文学原则压抑着她的写作冲动，妇女要进行写作一方面没有传统可依，一方面也惧怕成为"女性的"而无法表达自己真切的感受。

4）菲勒斯批评将创造力定义为男性的特权,女性被视为一种缺乏自主力的次等客体。妇女在性别差异的简易二分法中变成了被动的被创造物。而这种强加于她们的被动物的属性,逐渐变成了女性对自身创造力的恐惧。这种恐惧被伍尔夫称作"反面本能",是妇女将菲勒斯批评标准内化的结果。

接下来我们再进一步探讨女性写作面对如此困境时采取的应对方式。这里主要描述两种常见的策略:

1）女性被驱逐出创造者的行列,也同时被异化为文化的产物,她们意识到只有首先把自己变成艺术品的妇女才有可能成为艺术家。因为许多妇女把自己的身体作为她们艺术创作的唯一可用媒介,由此,女性艺术家和她的艺术品之间的距离常常令人吃惊地消失了。妇女在现实中的地位让她们意识到自己就是被创造的文本,这种感觉意味着在她的生活和艺术之间几乎没有什么距离可言。这导致女性将注意力转向对生活经验和感觉的描摹。并且后来出现了法国学者所说的"描写躯体"的颠覆性文本。

2）苏珊·格巴的《"空白之页"与妇女创造力问题》。

借用"空白之页"的故事:在葡萄牙某地的修道院里,一群修女把亚麻布送到皇宫作为国王婚床上的床单。新婚之夜后,这块中间有血迹的床单被庄重地送回修道院,镶上框子进行陈列,以证明皇后作为处女的荣耀。在陈列室里每块褪了色的血迹斑斑的床单下都有一个刻着王后姓名的金属片,吸引无数朝圣者。而他们和修女们最感兴趣的却是一个没有名字的床单,这张床单空白如纸,苏珊·格巴认为这样一张床单却远比其他有更为丰富的内容。"这个无名王后在新婚之夜已经不是处女了吗？或者她逃跑了？又或者这里讲了一个年轻欲盛的女人和一个无能丈夫的故事?"……这里格巴表达了和奥尔森的《沉默》,以及艾德莲娜里奇的《谎言、秘密和沉默》一样的思想,就是妇女文化中,沉默之声有其独特的中心作用。这时候的沉默不再是被动的符号,而是"神秘而富有潜能的抵抗行为"。

最后,我们还可以看到女性写作中有一个重要的主题——双性同体。

柏拉图的《会饮篇》认为从前的人类分为三种:男人、女人、阴阳人。每个人都有两副面孔、四肢,是由现在的两个人合成的。宙斯因为害怕人的力量又不想灭绝人类,于是将他们劈成两半。从此,人类开始寻找另一半的旅程,而找到失去的另一半才是完整的人。在伍尔夫这里,就把双性同体视为妇女艺术创作的最佳心灵状态。

而后来的法国女性主义理论家埃莱娜·西苏则是从消除男女二元对立这个意义上来解释双性同体的,她所说的双性同体既是对立的消解,又是差异的高扬。并不是消灭差别,而是鼓动、追求差别。差别的增加是因为这种消除了尖锐对立的双性,是使妇女浮出历史地表的原因。女性一旦开始写作,便开始以一种不同于父权中心文化所规定的面貌进入历史,一种差异的文化因此得以高扬,也正是从这个意义上讲,妇女更加接近双性。

但这种双性同体理论背后也暗藏着一些问题。比如,一些反对它的女性主义者指出:双性同体实际上是一种性别的固定化,将性别差异中和为一种特定的性别特征体系,这无疑又陷入父权中心文化的策略中去。

此外,这种佳境真的能出现在创作中吗?西苏曾做出解释:"我从未敢在小说中创造一个真正的男性形象,为什么? 因为我以躯体写作。我是女人,而男人是男人,我对他的快乐一无所知。"那么所谓具有极大包容性的双性却无法包容男性的快感,可见这里是有矛盾的。

主题四:女性语言

我们知道法国女权主义文论有两个理论来源:一是雅克·德里达的解构主义理论,一是雅克·拉康对弗洛伊德精神分析理论的解构主义化。因此,我们不妨先追溯一下这两个理论源头。

先看一下德里达理论中与女性主义相联系的部分。我们知道在索绪尔这里,语言的意义只是一个区别的问题。cat 之所以是 cat,因为它不是 cap,也不是 bat。但是人们应该将这个区别过程推向多远呢? 索绪尔的"语言"让人想到一个边界确定的意义结构,意义始终是各个符号被分开或被连接的结果。boat 这个能指之所以给我们 boat 这个概念或所指,是因为它把自己跟 moat 这个能指分开了。然而这样我们也可以质疑索绪尔认为一个符号乃是由一个能指与一个所指所形成的整齐对应的观点。语言之中的能指层和所指层并不存在着和谐的一对一的对应。而问题更复杂的一面是：能指与所指之间也并没有任何固定的区别，比如你想知道一个能指的意义（所指），可以去查字典，但是你所能发现的只是更多的能指，它们的所指你可以再到字典里去找。而你永远达不到一个本身不是能指的终极所指。后结构的一个工作就是把能指从所指那里分开了。

既然一个符号的意义取决于一个符号不是什么，那么它的意义从某种程度上说就不在它自身之内。可以说意义是被打散和分布在整个一条能指链上的，总是不断忽隐忽现的。于是我们可以看到：我不仅不可能充分地在你面前，而且也绝不可能充分地在我自己面前。

解构批评抓住了这样一个要害——经典的结构主义常运用二元对立的思考维度进行研究。而这种二元对立代表了一种典型的意识形态、认识方式。于是，解构的操作方法也指向最原始的一组二元对立：男/女。

女人是对立项，是男人的"他者"，她是非男人，是有缺陷的男人，并参照男性第一原则而被赋予了更多负面价值。但是，男人之成为男人同样也只是由于不断把这个"他者"或对立项关在外面，这样一来他的整个自我认同就恰恰在他力图借以肯定其独特的自主存在的这一姿态之中被抓住了，而且发生了危机。女人并不是一个作为超出了他的理解范围的某种东西这一意义上的"他者"而存在，而是一个作为他所不是者之形象而与他最内在地联系在一起的"他者"，并因而也是一个从根本上提醒他是什么的提醒者。

我们可以看到解构主义试图去拆除各种二元对立，并证明相对项中的一项是怎样秘密地内在于另一项的。

我们不妨再看一下拉康理论对女性主义的启发。拉康主要运用结构主义和后结构主义关于话语的理论来重新解释弗洛伊德。拉康把前俄狄浦斯阶段视为想象界（伍晓明翻译为"想象的"。有别于实际存在，名词化的概念）。在这个阶段中，儿童经历着自己与母亲身体之间的一种"共生"关系，这一关系又会模糊了两者之间的一切明确的边界。儿童是为了自身的生存而依赖这一身体的。（弗洛伊德、马克思舍勒：人之所以是人类，因为人是早产的，所以在娘胎里没有定型。然而在出生后,没有直接的、不断的照料我们会很快死掉。)而换一种角度考虑,儿童是在把他所知道的外部世界当作是依赖于他自己的。

从前俄狄浦斯到后俄狄浦斯的一个过程:镜子阶段。儿童的一个自我,一个整合起来的自我形象从中发展出来。但镜中的形象既是他自己又不是他自己,主体与客体之间的混淆依然存在。不过他为自己构造一个中心的过程已经开始了。我们由于发现了一个被世界上的某一对象或个人向我们反映回来的"我",才达到了对"我"的某种意识。这一对象这样或那样地是我们自己的一部分——我们与它认同——然而同时又还不是我们自己,而是某种异己之物。所以这个"异化了的"形象,会使幼儿在其中误认他自己。

我们知道在前俄狄浦斯阶段,儿童本身与另一个身体紧密相关,这一身体此时通常是母亲,而这一身体对于儿童来说就代表着外在的现实。而这个"二而一"的结构注定给"三而一"结构让位。这就是父亲的出场。拉康称为律法(Law)者。儿童与母亲的关系被打扰,并意识到还存在一个更宽广的家庭社会网络。此时,父亲的出现把儿童与母亲的身体分开,而儿童的欲望也就压抑到无意识中。可以说,律法的初次出现与无意识欲望的展开在同一时刻发生。

俄狄浦斯情结让儿童朦胧地意识到两性之别,而表示这两性之别的正是父亲的出场。拉康使用的关键术语:菲勒斯(phallus),原指作为男性生殖器官组成部分之阴茎的图形或表象,这里指的就是对于两性之别的这一表示。只有通过将两性之别以及不同性别角色接受为必然之事,原来一直没有意识到这些问题的儿童才能被真正地"社会化"。

而拉康的又一独创性在于从语言角度重写俄狄浦斯情结。我们可以把凝视镜中自己的儿童视为某种"能指"——能够赋予意义者。而镜中的形象则是一种所指,某种程度上儿童看到的这一形象就是他自己的"意义"。此时,他拥有一个充实完满的世界,即一个完满的同一体。能指所指、主体世界间尚未出现裂痕。

而儿童对两性之别的最初发现与他对语言本身的发现大致在同一时期。婴儿的啼哭不是一个符号而是一种信号(饥饿、寒冷等情况)。在接触语言的过程中,儿童无意识地学到了一个符号之所以有意义仅仅是在于它与其他符号的区别。并且也学到了一个符号隐含着它所表示的事物的不在。我们的语言"代替"事物。它是隐喻的(象征界)。

而就像儿童在语言领域中无意识地学到这些东西那样,他也在性的世界中无意识地学到它们。(父亲—教导占据地位)儿童开始感觉到他作为一个主体的同一性是由他与周围各个主体之间的差异与相似这些关系构成的(象征秩序)。

儿童已经从这个完满的想象性占有之中被放逐到那个空洞的语言世界。这个无穷无尽的区别与不在的过程:代替对于任何一个事物的完满的占有,孩子现在将只不过是从一个能指移向另一个能指,沿着一条语言链,一条没有尽头的语言链。所以那个所谓的实在界也就无法接近。因为没有任何能够为这一无穷渴望提供基础的"超越的"意义或物体,或者说,如果真有这样一个超越的实在的话,那它就是菲勒斯本身,被拉康称为"超越的能指",但这并不是一个对象或实在,也不是实际的男性器官,它只是一个标志着差异的空洞标志,一个把我们与"想象的"分开,并把我们插入那个我们在象征秩序中的已经注定了位置的"东西"的符号而已。

意义的不断滑动和隐藏使我们无法清晰表达。所以自我,或者说意识只有通过压抑这一骚乱的活动,暂时地把语词钉到意义上去。因此对拉康而言,我们的整个话语在某种意义上都是一种口误。

比如伊格尔顿举例:"明天我要修剪草坪。"我说出来的这个"我"乃是一个立即就可以理解的并且相当稳定的参考点,但它把说出"我"的那个"我"的幽暗深处伪装起来了。正如"(我想)我正在全身心地想着你"。其中的"言中主体"与"发言主体"分裂开了。

在简要介绍这两个源头后,我们来看女性主义文论与语言学的交叉部分。

1)埃莱娜·西苏的"女性写作"

在西苏看来,写作即是一种根本性的改变主体的颠覆力量。她认为社会变革必然是主体的变革,而语言则是控制着文化和主体思维方式的力量,要推翻父权制控制,就要从语言的批判开始。

"每一件事都决定于语词,每一件事都是语词,并且只能是语词……我们应该把文化置于它的语词之中,正如文化把我们纳入它的语词和语音中一样……任何政治思想都必须用语言来表现,因为我们自降生人世便进入语言,语言对我们说话,施展它的规则……甚至说出一句话的瞬间,我们都逃不脱某种男性欲望的控制。"

既然语言起到如此重要的作用,那么写作作为一种语言实践活动,也便有了使妇女通过它进入历史的重要作用。但是妇女的写作又完全不同于男性写作。它不可能凭借现场的属于父权制文化的象征语言,它只有自己的身体可以依凭。因此,西苏提出"描写躯体"的口号。写作文本与肉体的连接,实际上就是回到没有菲勒斯中心象征秩序的前俄狄浦斯想象界。

而由于女性在文化中的边缘位置,也就更容易停留或回到与母亲合二为一的童年的天堂。这种母亲的声音,给写作的妇女及她的读者以深深的安全感——此时,她和母亲连为一体了。这种结合也给妇女以独特的洞察力。而由于母亲的声音在象征秩序中长期被压抑成潜意识,所以妇女要求写作的欲望(即回到母亲的欲望)也表现出一种潜意识的特点。我们可以参看西苏在《美杜莎的微笑》中所描绘的这段心理独白:"一天早晨,被拎起来,离开地面,飘荡在空中。被震惊。在我自身中,寻得出乎意料的可能性。像一只老鼠似的睡着,醒来却是一只老鹰!多么开心!多么恐怖!我跟它毫不相干,我又阻止不了它。"

托里莫伊认为西苏这是一种被强奸的幻觉,在这样的幻觉中,妇女不会因获得性的满足而害怕来自社会的谴责,却是感到肉体的愉悦,并且在完成了这种两性结合后,在她身上也结合进了男性的力量。由此这种描写躯体、表现女性欲望的女性写作逐渐创造出一种反理性、无规范、具有极大破坏性的语言,从而打乱了男性话语的秩序。

但我们又不得不说,西苏所主张的反理性女性写作,不正是遵从了父权制给女性规定的非理性的地位吗?

2)露丝·伊瑞格瑞的"女人腔"

伊瑞格瑞认为女性的颠覆性力量要建立在一种"女性系谱",即一种新型的母女关系上。而前俄狄浦斯阶段的母亲是没有性别之分的,她是一个同时具有菲勒斯的创造性和专属于女性的母性的双性同体。女孩由前俄狄浦斯的与母亲认同到俄狄浦斯阶段的以父亲为爱恋对象，既是对母亲的放弃，也是对母亲的认同。因为她放弃的是充满创造性的有阴茎的母亲，认同的是被阉割的、无权的、被动的母亲。伊瑞格瑞还认为，女性卑贱地屈从于父权制话语的时候，也正是她得以解放的时刻，他们大摇大摆地钻进男性话语为她设置的非理性的位置，来对男性话语进行颠覆。而伊瑞格瑞对这种话语的进一步阐释跟西苏非常相近。她认为女人总是不断修正自己的话，她的话是喋喋不休的、隐秘的、可以听出"另一种意义"。这就是"女人腔"。而她的双性不再像西苏那样是一种中性的事物，而是一种女性系谱，是完全属于女性的东西。

3）朱莉娅·克里斯蒂娃的"符号学"

克里斯蒂娃以"符号"和"象征"的区别代替了拉康的"想象"与"象征"的区别。她的符号学与前俄狄浦斯的人类生活的最初过程有关。在前俄狄浦斯阶段，孩子不会说话，却有一种由肛门和口唇引起的基本的冲动，这一冲动本质上是流动的、没有模式的、不定型的，类似于声音节奏，这就是符号学。而之后符号进入象征秩序，受到压抑。

然而符号学不是对象征秩序的一种替代，而是潜伏于象征语言的内部。它组成语言的异质、分裂的层面，可以被看作是象征秩序内部的边际，而女性也同样可以被看作存在于这样一个边界上。因为女性虽然在象征秩序内部构成，然而又被驱逐到它的边缘，被认为低于男性力量。所以，女性既处于男性社会的内部，又处于它的外部。

而产生于象征秩序之前的符号学也是一种没有性别二元对立的"中性"的东西，这么看来，符号学与"女性"是同构的。

此外，克里斯蒂娃的符号学作为一种语言学理论，与主体密切相关。她认为人的主体性是在社会实践中实现的，而任何社会实践都是意指的实践。可以说意指实践是主体被确定的场所。而主体在意指实践中的位置问题，即意义的问题又与"互文本性"这一特点相关。

在克里斯蒂娃看来，文本作为一种意指实践，并不力求使主体控制语言，相反，使主体处于它的权力网之中。互文本性是普遍存在的，因此读者在阅读这一意指实践过程中,就会体会到自身的分裂、压抑和矛盾,从而产生出文本的意义,即属于主体的文本,主体就是在这种不断延宕中建构的。可见,这个主体是一种流动的过程,不是超验的能指。这样一个流动性的过程主体,对于父权制的看似牢不可破的象征秩序就是一种有力的冲击。

以上我们在简述女性主义产生的历史条件后,由主题分类的方法简要介绍了女权批评、女性传统、女性写作、女性语言四个部分,并对其中一些女性主义批评提出了质疑。

■ **课后训练**

课后阅读朱迪斯·巴特勒《性别麻烦——女性主义与身份的颠覆》一书,结合书本内容,谈谈你对"生理/社会性别"的看法。

■ **参考回答**

课前热身题——

(1) 梳理填空:

表 2 - 2 - 2 "美丽"内涵梳理图

节(1)		(无)	
节(2)	美丽	庄重、坚定、淡泊、深邃、睿智	外
节(3)	美丽	探索精神、坚持不懈、献身精神	内
节(4)	美丽	高远追求(志存高远)、不为美形所累	
节(5)	美丽	(无)	
节(6)	美丽	永恒	内外融合 升华1
节(7)	美丽	超形脱俗、淡泊名利、理性的美丽	升华2

（2）从所摘语段看，女权主义者自身观念有局限，他们对女性气质与男性气质有刻板印象，前者必对应身体、软弱、私人、家庭，后者则意味着头脑、刚毅、公共、社会。而梁衡的《跨越百年的美丽》一文同样受此观念局限。文中言"但她的性格里天生还有一种更可贵的东西，这就是人们经常加于男子汉身上的骨气。她坚定、刚毅，有远大、执著的追求"。虽说梁衡已提及这是"人们经常加于"他人之上的观念，但还是能够看出他对该观念是认可的。可见，梁衡对男性气质的定义与上述女权主义者无二。于是，我们可以看到，梁衡其实更为推崇的是居里夫人的男性气质。故而，"永恒"也只能屈居于"理性"之下了。从男性气质入手"夸赞"一位女性——这恐怕是作者觉得独具匠心之处，但不知居里夫人本人是否会欣然接受。

课后训练题——

朱迪斯·巴特勒的《性别麻烦》对主体、性、性别的思考不仅在女性主义、性别研究等领域引起很大的反响，也推动了新的研究发展。她通过理论建设对身份政治进行祛魅，这对投身于妇女运动、同志运动等平权运动的人们有所启发。《性别麻烦》一书涉及的学术理论甚广，文字也颇艰涩，但却吸引了学院外读者的广泛关注。可见，该书不止步于形而上的理论探索，还能走入生活实践之中，关怀日常问题、社会民生。整部书大致分为三个章节，从形而上学、精神分析、政治实践三个层面上向性别霸权话语和女性主义主流进行再议论和不断地诘问，可以说是一种元批评。其重要论点有三：生理性别的文化建构性、原初同性情欲禁忌与它造成的抑郁异性恋结构、性别操演理论和性别戏仿政治策略。

《性别麻烦》体现了巴特勒解构女性主义身份政治的基本思路——首先，她质疑"妇女"这个范畴。妇女范畴在实践上形成对有色人种妇女、性少数异己的排挤和压迫，而这个问题的主要症结在于一种"实在"（substantial）的主体认识论。在这里她指出，在表面上看似对立的社会性别建构论和本质论立场，其实都没有脱离性别本体论和二元论的思维架构。她认为主体从一开始就是"性别化"了的，所以她对主体的系谱学探究是以"性别化"为切入口的。

性别化通过统合生理性别、社会性别、欲望彼此之间的一致性而建构一个完整、本质的主体，在这里巴特勒论述的首个重点就是重塑我们对"生理性别"这个从未受到质疑的概念的认识。

生理性别（sex）和社会性别（gender）——这样一组区分原本是用来驳斥生理即命运的说法，且支持这样的论点：不管生理性别在生物学上是如何地不可撼动，社会性别是文化建构的。因此，社会性别既不是生理性别的一个因果关系上的结果，也不像生理性别在表面上那样固定，这样的区分容许了社会性别成为生理性别的多元体现。这里就已经潜在地挑战了主体的统一性（这种区别可以引发女性主义主体的一种分裂）。

对"社会性别"的普遍定义：社会性别是生理上性别化的身体所获取的社会意义。

既然如此，我们就不能说某个社会性别以某种方式、从某个生理性别发展得来。从逻辑上推到极限，生理性别/社会性别的区分暗示了生理上性别化的身体和文化建构的性别之间的一个根本的断裂。

它的结果是：即使我们暂时假定二元生理性别具有稳定性，也不能因此断定"男人"这个建构绝对是男性身体衍生的自然结果，或者"女人"只能体现女性的身体。而当我们提出建构的社会性别身份根本上是独立于生理性别这个理论时，社会性别本身成为一个自由流动的设计，结果男人（man）与男性（masculine）大可以意指女性身体，就像它们意指男性身体一样。

而它的又一个结果是：这种区别引发了女性主义主体的分裂（"妇女"无可质疑的一体性经常被援引用来建构一种身份的团结意识）。

此外，即使生理性别在形态和构造上毫无疑问是二元的（这将成为一个问题），我们也没有理由认定社会性别应该只有两种形貌。

二元社会性别体系的假定保留了社会性别与生理性别是某种模拟关系的信念：社会性别像镜子一样反映生理性别，或者从另一方面来说被它所限制（单向牵制的关系）。

于是，这就引发了一系列诘问："我们能够指涉某人'特定'的生理性别或某个'特定'的社会性别，而不先探究生理性别和社会性别是通过什么手段、如何给定的吗？生理性别到底是什么，它是自然的、解剖学的、染色体的还是荷尔蒙的？女性主义批评家要如何评估企图为我们建立这些'事实'的科学话语？生理性别有没有一个历史？是不是每一种生理性别都有一个不同的历史，或者多个历史？有没有一个历史可以说明生理性别的二元性是如何建立的，也就是可以揭露这个二元选项是一个可变的建构的一种系谱学？如果生理性别不可变的特质受到了挑战，那么也许这个成为'生理性别'的建构跟社会性别一样都是文化建构的，结果生理性别和社会性别的区分证明其实根本就不是什么区别。"

巴特勒进一步指出，如果生理性别本身就是一个社会性别化的范畴，那么把社会性别定义为文化对生理性别的诠释就失去了意义。我们不应该把社会性别看作是文化在一个先在的生理性别上所铭刻的意义（一种司法的概念），社会性别也必定指向使生理性别本身能够建立的那个生产的机制。结果社会性别与生理性别的关系并不像文化之于自然那样，社会性别也是话语／文化的工具，通过这个工具，"生理性别化的自然"或者"自然的生理性别"得以生产，且被建构为"前话语的"、先于文化的，成为一个政治中的表，"生理性别"从本质上来说就具有"被建构为非建构"的特点。

而对于把生理性别生产为前话语的观点，我们应该如此理解：它是社会性别所制定的文化建构设置的一个结果。

我们尝试引例波夫娃的《第二性》，对该话题进行再阐释："一个人不是生来就是女人，而是成为女人的。"对波夫娃来说，社会性别是建构的，但她的论述隐含了一个能动者，一个我思故我在的主体，它以某种方式获取或采用某个社会性别，而原则上，这个主体也可以采用另一个性别。而波夫娃很清楚：一个女人是"变成"的，但总是在一种文化强制下成为一个女人。显然，这个强制性不是从生理性别而来。

而在波夫娃的论述里没有一点保证变成女人的"那位"一定是女性。如果如她所说"身体是一种情境（situation）"，我们就无法诉诸一个没有被文化意义诠释过的身体。因此，生理性别不能构成一个先于话语的解剖学上的事实。所以从定义上来说，我们将看到生理性别自始至终就是社会性别。

■ 延伸阅读

沈奕斐:《被建构的女性——当代社会性别理论》,上海人民出版社,2005 年版。

弗吉尼亚·伍尔夫:《一间自己的屋子》,王还译,上海人民出版社,2008 年版。

弗吉尼亚·伍尔夫:《达洛维夫人》,孙梁、苏美译,上海译文出版社,2011 年版。

西蒙娜·德·波伏瓦:《第二性 I:事实与神话》,郑克鲁译,上海译文出版社,2011 年版。

西蒙娜·德·波伏瓦:《第二性 II:实际体验》,郑克鲁译,上海译文出版社,2011 年版。

李银河:《酷儿理论》,文化艺术出版社,2003 年版。

朱迪斯·巴特勒:《性别麻烦——女性主义与身份的颠覆》,宋素凤译,上海三联书店,2009 年版。

第三讲　原型批评

■ **本讲课时**

1 课时

■ **重点与难点**

了解原型批评领域的主要理论成果，并学以致用，尝试从人类学角度分析课内文本《读书示小妹十八生日书》。

■ **课前热身**

阅读《西游记》思考以下问题：

1. 对于《西游记》的核心主题，人们通常理解为对正义事业和光明理想的追求。然而从取经缘由、取经者、路线、装备四者看都不符合该解读。

2. 佛祖既然能轻而易举地把经书送到东土，为何又偏要人不远万里去取？

■ **教学环节**

1. 概念阐释

神话—原型批评经历了三个发展阶段：以弗雷泽人类学理论为代表的早期阶段、以荣格集体无意识理论为代表的发展阶段、以弗莱为代表的批评体系的完善阶段。

　　除此之外,列维·布留尔的《原始思维》、列维-斯特劳斯的《野性的思维》、卡西尔的《符号形式哲学》也是这一领域的经典作品。

2. 大师引介

2.1　弗雷泽

　　19世纪末,人类学作为一门综合性学科开始兴起。弗雷泽是早期人类学家之一,其代表作为《金枝》,该书比较研究了以巫术为中心的仪式、神话、民间习俗,它在理论上确立了交感巫术原理,为早期文化现象的研究提供了一些方法。交感巫术可分为两种基本形式——模仿巫术与染触巫术。前者以"同类相生"的信念或者"相似律"(law of similarity)为基础,后者以染触律(law of contact)为基础。原始人相信可以通过仪式,即象征性的活动,对自然现象进行干预。当人们意识到巫术的无效性,转而信仰取代巫术力量的神明时,宗教就出现了。在宗教力量衰微之时,出现真正的科学。

2.2　荣格

　　荣格是精神分析学派创始人弗洛伊德的学生,其开创的学派为"分析心理学"。荣格认为"力比多"不仅代表着性本能,而且更是一种中性的个人身心能量。这种能量经过转变后会以象征形式表现出来,形成民间传说、神话、童话中的永恒母题。

　　荣格的集体无意识理论指出,人们的无意识心理不仅仅源自于个人童年的经历,而且还来源于祖先的、原始的经验,基于一种"种族记忆",这是先天遗传的本能,潜藏于每个人的意识深处,是超越个人的。我们可以从民间文学、童话与神话中寻找到这些集体无意识的痕迹。这些集体无意识的象征形式，或者说结构形式是一些可经验的、可实证的实体，荣格将这些实体称为"原型"（archetypes）。

2.3　弗莱

弗莱作为文学批评家在前人基础上对原型的符号性、历史性、社会性进行了补充说明。弗莱对原型概念的定位可归纳为以下几点：

其一，原型是文学中可以独立交际的单位，正如语言中的"词"一般。

其二，原型可以是意象、主题、人物、象征，也可以是结构单位。它们在不同作品中反复出现，具有约定俗成的语义联想。

其三，原型体现出文学传统的力量，把孤立的作品相互连结起来，使得文学成为一种社会交际的特殊形态。

其四，原型的根源是社会心理，也是历史文化，它是文学与生活相互作用的媒介。

在荣格那里，原型是碎片化的、模糊而不统一的。但在弗莱看来，原型是反复出现的意象，它帮助我们梳理出文学发展与演变的规律线。

在弗莱写《批评的解剖》之前，还没有人尝试将史的线索同论的逻辑有机统一起来。弗莱认为文学发展演变的规律线索在于原型的"置换变形"（displacement）。比如：克罗若斯杀父娶母的神话在早期社会并没有受到道德谴责，在希腊文明社会，该故事变形为俄狄浦斯的故事，俄狄浦斯虽然在无意中促成杀父娶母的结局，但他在故事中必须承担道德责任。到中世纪，俄狄浦斯的故事继续置换变形为著名的传奇文学作品——乔治屠龙的故事。在原初的传说中，英雄杀死的是女妖，英雄本人是国王的儿子，而在传奇作品中，英雄变成了国王的女婿，杀死的是巨龙。在传奇文学中，神置换成了人，但又不同于现实主义，并没有朝写实方向进一步置换，而是朝着源于神话的理想化方向变化，内容趋于程式化。

弗莱归纳了五种文学类型。西方文学作品会呈现逐一经历这些文学类型的演变循环。

表 2-3-1　弗莱所归纳的五种文学类型

主 人 公 特 质	文学类型
主人公在类别上高于我们常人和自然环境,是超人的神。	神话
主人公不是在类别上,而是在程度上高于他人和他所处的环境。	传奇
主人公在程度上高于他人,但并不高于他的环境,这是人间的英雄。	史诗、悲剧。高模仿
主人公既不高于他人,也不高于环境,而是类似于普通人,如关于普通人的喜剧和现实主义小说中的主人公。	低模仿
主人公在体力和智力上都不如我们一般读者。如现代派作品中的人物。	反讽模式

■ **课后训练**

阅读贾平凹《读书示小妹十八生日书》一文,思考以下问题:

1. 该信是写给小妹的,为何要从自己的故事说起,仅仅是为了现身说法吗?

2. 该信是为了鼓励小妹多阅读,那为何提及很多与读书相关的"辛酸"往事?

3. 该文与成人仪式有何类似之处?

■ **参考回答**

课前热身题——

《西游记》的原型是一场成人礼。它具备成人仪式的多个重要元素。其一是从童年期到成年期的成长历程。其主要人物早年都处于心理童年期。唐僧原是如来二徒,"不听说法,轻慢我之大教"。白马是广晋龙王之子,"违逆父命"。悟净"打碎玻璃盏",悟能"带酒戏弄嫦娥"。祖师给悟空取姓:"我于你就身上取个姓氏,……猢字去了兽旁,乃是个子系。子者,儿男也;系者,婴细也,正合婴儿之本论。"成人礼元素之二为取字。取经成功后,师徒得到旃檀功德佛、斗战佛、净坛使者、金身罗汉、八部天龙马等佛名,类似冠礼后的取字。整个取经过程经历了:儿童犯错——严酷考验——成年命名的成人礼模式,一如印第安人曼丹部落、我国瑶族地区的成人仪式。成人礼元素之三为主持者。在《西游记》中,取经"仪式"的主持者便是如来、观音。八十一难是根据神的意志安排的。他们既是仪式的监护人、主持者,又是至上的裁判者。

课后训练题——

现身说法本应多叙述读书之乐、之收获,但作者着墨最多的是幼年读书时的创伤性体验,且这些体验中不乏自身犯错而怪罪他人的例子。比如其窃书本就有错,但作者却把自己塑造成一位受害者形象。那么,该文是否流露出作者些许潜意识以及教学参考未及之处?

该文是作者赠予妹妹的一份"成人礼",但也是赠予自身的一份心灵上的成人礼。该文多次提及时间,除了一次与妹妹相关,其余多是指向作者自己,如"兄在外已经十年"、"过了二月二十一日,已到了而立之年"、"一走十年"。如其言,作者已到而立之年,抚今追昔,忆幼年不更事的自己,述一路成长之伤痛,直至面对邻人之不解,自信地反驳,为读书立身正名——这便是作者由自卑至自信的心灵成熟之路。作者借由该信完成了一场自我修复、自我确认的成长仪式。

■ **延伸阅读**

叶舒宪:《神话—原型批评》,陕西师范大学出版社,2011年版。

J. G. 弗雷泽:《金枝》,汪培基等译,商务印书馆,2013年版。

第三篇　文化主题

第一讲　重复

■ **本讲课时**

1 课时

■ **重点与难点**

了解与"重复"相关的诸家理论,且学会迁移,由"重复"入手进行文本赏析。

■ **课前热身**

诵读下文,并思考:该诗篇采用重章叠句、回环复沓的形式仅仅是为了音韵美吗?

《诗经·卷耳》

采采卷耳,不盈顷筐。嗟我怀人,置彼周行。

陟彼崔嵬,我马虺隤。我姑酌彼金罍,维以不永怀。

陟彼高冈,我马玄黄。我姑酌彼兕觥,维以不永伤。

陟彼砠矣,我马瘏矣,我仆痡矣,云何吁矣。

■ **教学环节**

1. 概念阐释

重复(Repetition)是西方文学文化理论中的关键词之一。

从弗洛伊德的《超越唯乐原则》一文开始,"重复"已被确认为叙事作品中的一个重要元素。其他艺术门类,乃至文化生活、社会世相中也不断显现"重复"的形式。以下围绕该文化主题,提供一些理论阐释。

2. 回忆与重建

弗洛伊德曾在《癔病研究》一书中指出:"在病人们接受了他们曾经有过某某想法的事实之后,他们常常加上一句:'但是我记不得曾经有过这样的念头。'……或许我们应该假设其实当时根本没有出现过这些念头——这些思想只不过存在的可能罢了。如果真是如此,我们在治疗过程中描述的只是一种当时并没有发生的心理行为。"

回忆与建构是精神分析学者在研究创伤性神经症过程中所关注的问题之一,回忆的本质就是一种重复。而弗洛伊德质疑了这种重复的真实性。主体的回忆行为可能是一种补偿与修正的行为,但正是这样的重复行为在不断构建我们的主体意识与主体形象,统一了我们的过去与将来。正如卢卡舍所言:"回忆是一种阐释,一种构建,一种阅读。"

3. 类像与遮蔽

延续柏拉图洞穴理论之模仿一说,鲍德里亚认为我们在后现代社会将面对"表征危机"(crisis of representation)。现代社会中,人们周围充斥着各种仿真复制品,这些类像将创造新的生活空间,甚至是空间神话。现实在驳杂的类像中离我们越发遥远。鲍德里亚言:

表征始于这样一个原则,即符号与现实是对等的(即便这种对等关系只是乌托邦精神的体现,它也仍然是一项基本准则)。相反,仿真始于上述对等原则的乌托邦形式,始于对符号价值的激烈的否定,始于符号的逆转以及对任何指涉物都宣判死刑。表征视仿真为伪表征,并借此吸纳仿真,而仿真却视表征本身为类像,进而吞没了整幢表征大厦。下面是形象的几个发展阶段:

1）它反映了基本现实。

2）它遮蔽并扭曲了基本现实。

3）它遮蔽了基本现实的缺席。

4）它断绝跟任何现实的关系;它只是自己的纯类像而已。

4. 柏拉图式重复与尼采式重复

米勒的《小说与重复》一书虽然主要讨论小说文本中的重复,但是在小说领域之外同样适用。其理论核心为"异质性假说"(the hypothesis of heterogeneity),即任何小说中都存在着两种互相矛盾的重复类型,而且它们总是以这样或那样的交织状态出现在一起。

米勒的假说基于1969年德鲁兹在《意义逻辑》中对"重复"的分类。它们是柏拉图式重复与尼采式重复。

柏拉图式重复邀请我们考虑以预设的相似原则或相同原则为基础的差异。柏拉图把世间万物视为对理念世界的模仿,而艺术是对模仿的模仿。从亚里士多德到詹姆逊,有一批西方学者坚信模仿对象的确定性。模仿品或复制品的存在,意味着差异性的存在,但基于坚信原型模子的存在,评价模仿品有效性的标准就在于模仿的逼真度。这即是柏拉图式重复的特性。

尼采式重复则要求我们把相似甚至相同的事物视为本质差异的产物,其前提是把人类现实界定为类像的世界,或者说把世界本身作为幻影来呈现。该重复并不笃信一种原型模子存在,故而会带有鬼魅般的效果,他的重复是基于本质差异的重复。

米勒在阐释第二种重复类型时,借用了本雅明的观点。第二类重复介于每一组相似事物与概念之间——记忆/遗忘;觉醒/梦幻;里面/外面;满/空;同/异;容器/容纳物……比如一只袜子可以被看作空袋子,同时又可以被看作一件礼物。当它被翻卷起来之后尤其如此,此时的"空"与"满"、"容器"与"容纳物"、"里面"与"外面"等概念不仅界线模糊,而且可以互相置换。这意味着,第二类重复,即尼采式重复往往具备生成性,会产生第三者,空袋子和袋子里的礼物本来是两种不同的事物,可是它们之间的差别却由袜子这一形象——即第三者——而得到了弥补。

5. 重复与怪异

贝内特和罗伊尔曾将重复的体验与陌生感、怪异感联系起来。比如,你会否在一个从未去过的地方感到似曾相识?你会否第一次见到一个人却倍感亲切?你又会否来到一处熟悉的场所但陡然觉得异常陌生?

米勒提出的异质性假说也会带来怪异的体验,这是重复的异化。在异化中,陌生背后的亲切感、熟悉背后的陌生感,都会造成神秘体验。这是一种基于双重感觉的情感震慑。

■ 课后训练

在 柏 林

奥莱尔

(1)一列火车缓慢地驶出柏林,车厢里尽是妇女和孩子,几乎看不到一个健壮的男子。在一节车厢里,坐着一位头发灰白的战时后备役老兵,坐在他身旁的是个身体虚弱而多病的老妇人。显然她在独自沉思,旅客们听到她在数着:"一、二、三……"声音盖过了车轮的"咔嚓咔嚓"声。停顿了一会儿,她又不时重复数起来。两个小姑娘看到这种奇特的举动,指手画脚,不假思索地嗤笑起来。一个老头狠狠扫了她们一眼,随即车厢里平静了。

（2）"一、二、三……"神志不清的老妇人重复数着。两个小姑娘再次傻笑起来。这时,那位灰白头发的后备役老兵挺了挺身板,开口了。

（3）"小姐,"他说,"当我告诉你们这位可怜夫人就是我的妻子时,你们大概不会再笑了。我们刚刚失去了三个儿子,他们是在战争中死去的。现在轮到我自己上前线了。在我走之前,我总得把他们的母亲送进阿卡姆疯人院啊。"

（4）车厢里一片寂静,静得可怕。

阅读上文,思考:

1. 尝试分析全文中的四组重复。

2. 推测后文情节,延长分贝图曲线,你会怎么画?为何这么画?

3. 若从"重复"角度考虑,本文除了呈现"反战"这一主旨,还有何意味?

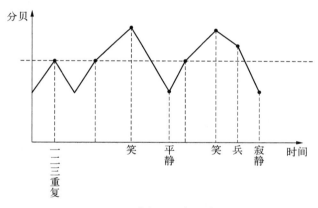

图 3-1-1 《在柏林》笑声分贝图

■ **参考回答**

课前热身题——

重章叠句符合歌谣特色,便于传唱,又在效果上体现音韵美感,因果相合而相生。但从发生学心理学角度看,"重复"具备"回忆"的特质。传唱——本质上是一种集体构建记忆的行为。因其显性特点（要发声）,该行为还具备仪式性。民众在重复的韵律中追念过去、重建过去的集体记忆,抚今追昔,在复沓中寻文化之根、本真之我。

《诗经》中不乏重章叠句的诗篇,同学们在中学阶段接触的《伐檀》《硕鼠》《蒹葭》《关雎》等皆是如此。而《卷耳》之复沓妙在叙写视角的变化。从叙写之主体对象看,"采采"句的主人公是女子,"陟彼"句则是男子。而叙写者视角有三种可能,其一为女子,"采采"句女子自述,"陟彼"句女子遥想男子境况。视角也可为男子,前者遥想女方之怀思,后者自叙。这种对面落笔、虚实相生的写作手法常见于后世诗文,李商隐之"君问归期未有期"、杜甫之"今夜鄜州月,闺中只独看"亦是如此。第三种视角为旁观者,历尽世事,慨叹女子多情,男子远思。

三种抒情,哪一种最苦呢?又或者,哪一种抒情视角最值得称道?就"重复"角度看,第三种实现了"尼采式"的重复(详见概念解释之柏拉图式重复与尼采式重复)。尼采式重复建立了重复间的二元对立关系,重复介于每一组相似事物与概念之间——记忆/遗忘;觉醒/梦幻;里面/外面;满/空;同/异;容器/容纳物……正是在正题与反题之中,进一步生成合题。《卷耳》之第三种叙写视角便是如此。女子之叹与男子之叹相得益彰,回环复沓,但根本上是相隔的。初看觉得两人心心相印,重复间是融合与缠绵、辉映与相契。再看才觉任你俩几番忧愁,依旧彼此不知、彼此难见,愈是重复这怀想,愈是不得,也就愈是苦痛。此时此刻,这苦痛由忧思而来,还是由我执而来,即忧思之复沓而来?"重复"本是一种抒情方式,此刻却承担了"罪责"。这便是"重复"的自我生成。繁殖所得的新生,最终会指向对"重复"的元思考。

课后训练题——

1. 四组重复:

(1)两次"笑":"嗤笑"有所指对象,凸显鄙弃、嘲讽等态度。"傻笑",自顾自的,此处嘲笑的态度消隐了。

(2)"一、二、三"重复数:结合作者的描绘语分析。

第一次重复,在俩姑娘看来,老妇的举动是"奇特"的,第二次重复则是"神志不清"的。前者中性,后者的情感态度为贬义。这样的前后安排符合认知习惯与次序。先感性认识,进而做出个人判断、评价。

（3）两次"静"，从"平静"到"寂静"，静的原因不同，心理状态不同。

（4）"那位灰白头发的战时后备役老兵"。

"满头白发"与"灰白头发"首先显示出了年龄上的差异，由此，文中"老头"与"老兵"两个角色也可区分开。"满头白发"与"灰白头发"表现的年龄差异进而让我们想到其身体素质。文中对老兵的身体素质未作任何描摹，相对的，却描述了老妇的"体弱多病"，这样写的目的何在？老兵发言的首句让我们明确：作者在文章开始时不想让读者获悉老兵与老妇的夫妻关系。有些读者在初读时甚至以为"老妇"是"老头"之妻。可见一："老头"的存在不仅有情节推动、人物设置上的作用，而且还造成一定"干扰"，进一步拆散"老妇与老兵"的关系，为文末出人意料的结局做铺垫。可见二：老妇在外貌体征上比其实际年龄显得更苍老、憔悴（因为其实际年龄应与老兵相符，而老兵只是"灰白头发"，年龄不及"老头"），由此，战争对老妇带来的创伤在其中进一步凸显。

2. 若补全曲线图，后文因只留下"一二三"的重复声，依旧在不断地复沓。

3. 本文第一句"一辆火车缓慢地驶出柏林"。"缓慢"一词在这 400 字不到的文章中点出，要注意作者的匠心。"缓慢"暗示了被拉长的时间。进而，凸显数数声无端地重复、延续。联想《蒹葭》的重章叠句，此处绵延的则是恐惧、无奈、痛苦。

文末，整个车厢里只有疯子一人在继续发声，而所有"正常人"都是沉默的，失语的。

而"疯子"的形象其实在文学史上有很深的内涵。福柯的《疯癫与文明》就挖掘了被文明淹没了的一段历史，关于"疯癫"的历史。其中描绘了在历史浪潮中，人们是如何逐步定义"疯癫"，且如何利用这种"定义"去迫害他人的。这是对于 18 世纪启蒙运动及 19 世纪工业革命后，"理性、科学"压倒一切"非理性"的反击。而他的先辈尼采也早在《悲剧的诞生》中提到日神阿波罗与酒神狄奥尼索斯两种精神，前者代表理性、秩序，后者则指向非理性、狂欢、不稳定的。在西方狂欢节中，游行里就会出现"圣愚"的形象。其代表的"非理性"精神在艺术史中占重要地位，艺术家们尤为重视。

清华大学教授汪晖曾在《现代中国思想的兴起》中回溯了整个"科学"概念

的中国进程。其实,在科学方法中最基础的属"归纳法"与"演绎法"。而证实某一原理的真理性是需要验证的,"反例"则是推翻它的捷径与根本措施。但是,寻找反例的过程是无止境的。找不到并不代表绝对没有,于是验证本身也不过是一项"概率"问题。

若再换一个角度,公元1世纪阿格里帕的五大论式中有述:

第二论式,无穷倒退。用来证明一个所研究事物的证据自身也是需要进一步证明的,而这个证明又需要更进一步的证明。然而,并不存在一个无需证明的起点,因而所有证明的前证明都无法全然有效。

第五论式,循环论证。应该用来证明所研究对象的东西自身却要求对象来证实。在这种情况下的两个命题中,我们既不能肯定这个证明那个,也不能肯定那个证明这个,所以对两者都只好存疑。

因此,归纳法及演绎法其实都建立在人为想象的"科学"之上,"科学"尚且如此,"常识"之基底则更为脆弱了。科学的演进总是不断地打破人们的"常识"观,一如从地心说走向日心说。意大利物理学家卡洛·罗韦利曾言,现代物理学的两大支柱——相对论与量子论从本质上看是相矛盾的,当两派相融合之时,说是世界观再度革新之时。人总觉得可以用"规律"把握这个客观世界,然而"圣愚"背后的"非理性"是想让人们明白:恐怕"非理性"能比"理性"更贴近生活的真实,甚至真理。正如鲁迅在《狂人日记》中以"狂人"之眼看到"正常人"的"吃人"行为,"狂人"竟讲出了真话、至理。当然,本课文中的"疯子"没有"圣愚"等文化含义。仅有一些反讽效果,恐怕这也是该作品的一大遗憾。

■ **延伸阅读**

索伦·基尔克郭尔:《重复》,京不特译,东方出版社,2011年版。

第二讲　虚拟

■ **本讲课时**

1 课时

■ **重点与难点**

深入探讨虚拟现象背后的文化内涵。

■ **课前热身**

请几位同学来聊一聊他们曾经历的独特的虚拟体验。

■ **教学环节**

1. 概念阐释

　　虚拟现象并非产生于互联网出现之时，它有一段漫长的历史，自 18 世纪古典主义、新古典主义艺术到今天或者将来的虚拟现实，都可以归入虚拟的历史。比如我们在彼此通话时形成的空间，既不在我所在，也不在你所在，而是介于两者之间的某处，即虚拟空间。

2. 虚拟与古迹

诗人歌德于 1786 年访问罗马时,观看了一座著名的男性躯体雕像,名为《贝尔福德的阿波罗》,其实诗人所见只是一座完整雕像留下的残片罢了,但诗人却在日记中写道"我被真实深深打动"。青睐古典艺术的观众认为自己所亲历的事实,其实只是一种虚拟的现实,可被称为"虚拟古迹"。

空间是一种多重性的现象,不只是空无,还是一种静态的与人的存在相关的事实,同时也是一种动态形成的社会性形象。反观之前的虚拟古迹,其观赏空间存在于公共空间之中,它首先包含了由艺术画廊、博物馆构成的社会空间,一如咖啡馆、剧院等社会机构,公众聚集于其中。其次,这一虚拟古迹空间还包含以画面形式呈现的图像空间,这是一个想象性的处所,它将过去的经验与当下关联起来。最后,该空间还包含了观赏者的心智空间、感知空间。这种感知本身越真实,人们对虚拟性的兴趣就越大。于是,我们可以看到如今三维复原的莫高窟展览、越来越大的电影屏幕、从 3D 到 4D 的体验需求。

3. 虚拟与崇高

本尼迪克特·安德森认为,19 世纪时期的报纸建构了民族认同意识,延续这种思路,我们可以看到 20 世纪晚期,是电视促成了新的想象共同体。看电视似乎成了公民权力的一部分。电视消遣与家庭活动结合在一起,同看一场直播的球赛成为一个群体的凝聚化行为。并且,这种类似仪式化的集体行为伴随着崇高感,通过电视"亲眼"目睹某个事件,成为该事件见证者之一的体验,将我们带出日常生活,参与社会事件。正是由于崇高感的植入,今天的斗鱼直播、微博互动、在线授课等渐渐将世俗活动与精英活动的界限淡化。

4. 赛博空间（Cyberspace）

"赛博空间"一词源自于 1984 年加拿大作家威廉·吉布森的科幻小说《神经症漫游者》。该词后来逐渐应用于计算机、信息技术领域，乃至文化研究领域。

"Cyber"一词在希腊语里的意思是驾驶员、舵手。该词与"空间"连结在一起使用，指代一个由计算机创造的、与真实空间不同的虚拟空间，这既是一个巨大的人造世界，又是一个内在世界。赛博空间在创造一个交感幻觉，它在计算机的背后，与整个计算机网络的"母体"相互联系，使用者、参与者将自己的神经系统记录于该网络之中，形成心灵与母体的亲密关系。于是，赛博空间虽说显然是非现实的，但又似乎更为贴近内在真实，成为一种"虚拟的真实空间"。斯泰西·吉利斯在《赛博批评》中说道："赛博空间破坏了隐喻和真实直接的符号距离，通过呈现一种日益真实的仿真化真实现实而抛弃了真实，信息在赛博空间中丧失了它的实体性。"

■ **课后训练**
如今"网红"一词盛行于世，请谈谈你对"网红"现象的看法。

■ **参考回答**
课后训练题——

"网红"为何会红？

从内部原因看，或许是网红者具备某种特色、特长；或因某事而出名；又或符合大众的某些心理与需求。什么心理需求呢？比如：表达欲、宣泄欲（papi酱因示范"春节如何怼亲友"一夜走红）；猎奇；摆脱现实束缚、丰富与扩大生活圈与经历（农民直播种地，平淡无奇但引众网友围观）；寻求判断人事的标准

（大众点评网红受追捧）；归属感；社会参与感、依附个人价值（刘鑫案引发热议）；富余情感有所寄托等（保姆纵火案引网友落泪声援）；又或许是在攀比施舍同情中获得了某些优越感……从外部原因看，大众心理与需求因何而起？许是因孤独、个体化、隔阂、程式化、价值缺失、判断标准缺失等问题而起。而网络平台本身的特质也使该类现象层出不穷。网络平台开放、多元、便利，其提供的假性私密感又容易导致言论发表之轻易性、情绪化等问题。

"网红"现象会带来哪些影响？

就正面意义看，对网红本人而言，"网红"热潮提供了发声的渠道，提供了展示平台，使小人物获得成就感、认同感，且给某些人提供了另一种谋生途径，比如直播已成为一种新职业。对网民/民众而言，网红热为他们提供判断标准，使他们增强社会参与感，缓解他们的身份焦虑，还可以起到示范作用、引导作用。就负面影响而言，网红热可能会造成价值标准单一化、模糊，民众盲从，为人处世表面化、轻易化，形象之商品化、物化，增加社会冷漠、表里不一等问题。

■ **延伸阅读**

Fredric Jameson：《后现代主义与文化理论》，唐小兵译，北京大学出版社，1997 年版。

顾铮、罗岗：《视觉文化读本》，广西师范大学出版社，2003 年版。

第三讲　谱系

■ **本讲课时**

1 课时

■ **重点与难点**

了解有关"谱系"的理论方法，并尝试运用于社会现象研究之中。

■ **课前热身**

请收集相关资料，为你的家族绘制一张家谱。

■ **教学环节**

1. 概念阐释

1.1　道德谱系与尼采

谱系学（genealogy）的概念是法国哲学家福柯理论中的核心概念之一。福柯的著作关注的是将历史理解为文化，将人文科学创造知识体系的方式作为研究目标。这一想法主要来自尼采的《道德的谱系》一书。尼采在书中反对英国学者保罗·李用同情、功利来解释道德的起源，主张以价值的斗争、对立颠覆道德发生的历史。尼采认为基督教"善恶"的道德评价体系是对希腊罗马异教"好坏"体系的颠覆。他们发明了"恶"、"灵魂"、"责任"、"内疚"、"自由意志"、"良心"等教义。道德的起源实际上是相当不堪的,是肮脏、野蛮、卑贱的权力的历史。尼采从中看到了"道德的谱系"。

1.2 知识考古、谱系与福柯

福柯在这种研究视角的基础上,提出了"知识考古学"(archaeology of knowledge)的概念,这是一种关于话语如何在历史的特定时期被赋予秩序,成为认知方法或知识型的历史。于是,对于福柯而言,历史不是一种各个时间接连发生的、线性的叙事,相反它可能是断裂开的。一种话语秩序可能会瓦解、断裂,让位于另一种新秩序,新的观念不会孤立出现,而是在整体的知识体系的变化语境中出现。

福柯认为"真理"具有两种含义:

一是,"真理"应该被理解为关于叙述的生产、控制、分配、循环与运作的井然有序的程序体系。

二是,"真理"通过一种循环的关系与各种权力系统相关联,这些权力系统生产并支持真理,并且,真理被联系到它所产生的、同时又把它加以扩展的权力效应中———一个真理的"政体"(regime)中。

前一种真理被理解为一种考古学,后者则被理解为一种谱系学。

福柯还强调了"起源"问题的独特意义。为了将自己描述为正确的、值得信任的,大部分历史将自己植根于一种"起源"概念中。历史中的因果概念、关于历史的因果概念,都依赖于决定论、还原论的观点。马克思主义相信一种起决定性作用的真实历史,精神分析学则相信压抑说。福柯言:"起源使一个知识领域成为可能,这种知识的任务就是恢复起源,但这种知识总是处于一种由于自身话语的滥用而产生的错误认识中。起源处于一种必然消失的地方,即事物的真理与可信的话语相对应之处,也处于话语所遮蔽、并最终要消失的偶然结合处。"

2. 走近大师： 福柯与疯癫史

在《疯癫与文明》中，福柯梳理了"疯癫"的谱系，他说"疯狂不是一种自然现象，而是一种文明的产物。没有把这种现象说成疯狂并加以迫害的各种文化的历史，就不会有疯狂的历史"。巴尔特对这部著作的评价是："这是对知识的清洗和质疑……疯癫不是一种疾病，而是一种随时间而变的异己感。"

中世纪结束的时候，麻风病从西方世界消失了。1226 年，法国官方登记的麻风病院超过两千个。12 世纪，仅有一百五十万人口的英格兰和苏格兰开设了 220 个麻风病院。但是 14 世纪开始，这些病院逐渐搁置。1589 年，斯图加特一份地方行政长官报告，五十年来该地麻风病院一直没有这种病人。麻风病的消失，不是长期以来简陋的医疗实践的结果，而是实行隔离，以及在十字军东征后切断了东方病源的结果。麻风病退隐了，但是它不仅留下这些麻风病医院，而且留下一些习俗。这些习俗不是要扑灭这种病，而是要将其拒之于某种神圣的距离之外，把它固定在反面宣传之中。必须首先将这种异己性的病症划入一个神圣的圈子里，然后才能加以排斥。维也纳教会的仪式书言："我的朋友，主高兴让你染上这种疾病，你蒙受着主的极大恩宠，因为他愿意因你在世界上的罪恶而惩罚你。"此时，遗弃就意味着对他的拯救，排斥则是给了他另一种圣餐。麻风病消失了，但这些精神糟粕却保留了下来。两三个世纪以后，同样的地方，人们将会使用惊人相似的排斥方法，而贫苦流民、罪犯、"精神错乱者"将接替麻风病人的角色。

文艺复兴时期，人们对待疯癫者的态度是暧昧复杂的。一方面，他们视疯癫者为可怜可笑之人、诱惑张狂之人。这些人意味着"不可思议""不可能""非自然"。在博斯的画作《愚人船》中，人们放逐疯癫者，让水域"净化"他们。另一方面，认为这是一批最自由、最开放的囚徒——旅行的囚徒，画家对疯癫的态度充盈着浪漫与想象。

1656 年,巴黎颁布了建立总医院的敕令。17 世纪开始,世界各地设立了大量的禁闭所。所谓的"总医院"不是一个医疗机构,它一半司法、一半行政独立。"医院"中配备火刑柱、镣铐、监狱、地牢。这是君主制和资产阶级联合秩序的实例。王权与资产阶级的合谋后,教会也未袖手旁观,他们创建自己的医院机构,把麻风病院改造成圣拉扎尔病院。其本质是一种治安手段。伏尔泰曾言:"既然你们已经将自己确定为一个民族,难道你们还没有发现迫使所有的富人为所有的穷人安排工作的秘密吗?难道你们还不知道这些首要的治安原则吗?"1656 年 4 月 27 日,国王颁布敕令:机构的任务是制止"成为一切混乱根源的行乞者和游手好闲"。所以,总医院的功能不仅是禁闭不工作的人,还要给他们提供工作。英国第一批禁闭所出现在最工业化的地区:伍斯特、诺里奇、布里斯托尔。法国第一个总医院开设在里昂,比巴黎早 40 年。汉堡是德国第一个设立了自己监狱的城市,其 1622 年颁布的规章是相当严格的,所有囚徒都必须工作,对其工作价值有精确的记录,按其价值的四分之一给他们付酬。此时,疯人开始与贫民并列,与游手好闲者并列。劳动社会获得了一种实行隔离的道德权力。

■　**课后训练**

　　运用你的智慧,尝试收集国内外 *The Vagina Monologues* 三至五种剧本,总结个中差异,并分析原因。

■　**延伸阅读**

　　米歇尔·福柯:《疯癫与文明》,刘北成、杨远婴译,生活·读书·新知三联书店,2003 年版。

　　尼采:《论道德的谱系》,赵千帆译,商务印书馆,2016 年版。

第四讲　地点

■　**本讲课时**

1 课时

■　**重点与难点**

了解与"地点"相关的理论知识,尝试运用该视角,赏析课内文本《晨昏诺日朗》。

■　**课前热身**

请阅读以下《风景论纲》,你是否认同其中的观点?结合具体的生活经验,谈谈你的看法。

风 景 论 纲

1. 风景不是一种艺术样式,而是一种媒介。

2. 风景是人与自然、自我与他者交换的一种媒介。既如此,它就像货币一样,虽本身没有什么用处,但却具有无限潜力的价值储存。

3. 与货币一样,风景是一种社会象形符号,把价值的实际基础隐藏起来。它通过把风俗自然化、把自然风俗化而做到这一点。

4. 风景是以文化为媒介的自然景观。它是既被再现又被表现的空间,既是能指又是所指,既是框架又是框架所包含的内容,既是真实地点又是这个地点的类像,既是包装又是包装里面的商品。

5. 风景是所有文化共有的一种媒介。

6. 风景是与欧洲帝国主义相关的一种特殊的历史构型。

7. 第五条和第六条相互并不矛盾。

8. 风景是一种已经枯竭的媒介,不再具有艺术表现形式的活力。与生活一样,风景是乏味的;我们不能这样说。

9. 第八条中说的风景也就是第六条中说的风景。

我们周围的事物不是我们制造的,具有与我们不同的生命和结构:树木花草,河流,山峦,云朵。多少世纪以来,它们激发我们的好奇心和敬畏之感。它们是娱乐的对象,我们通过想象再造它们以反映我们的情感。我们认为它们构成了我们所说的自然的观念,风景画标志着我们对自然认识的不同阶段,从中世纪开始,风景画的兴起和发展就成了人与循环的一部分,在这个循环中,人类精神试图再次创造与其环境的和谐。

——肯尼思·克拉克,《从风景到艺术》,1949 年

■ **教学环节**

1. 概念阐释

"地点"是文化地理学范畴中的一个重要概念,它引导观察者、研究者从区域、地图、边界等角度来理解文化。我们不能脱离文化所标出的空间(比如郭姐或黑帮地盘)、充满文化意义的地点(比如自由女神像、天安门广场、学校教学区)、文化所创造的景观(从黄浦公园到后现代的购物商业街)来孤立地理解文化。

2. 空间、地点、景观

　　空间——思考空间意味着思考事物和行动在"现实"或"表征"中的分布方法，边界的形成和行动的模式都是由文化产生的，并且成为文化建构的一部分。我们居住的空间，不管是神圣的还是世俗的空间，都与我们的生活方式紧密地联系在一起。

　　地点——思考地点意味着考虑特定地点在文化世界的塑造中起重要作用的途径。我们对世界的理解与我们建构以及争夺特定意义的方法联系在一起，这种特定地点通常是命名的地点。例如，"家"的特定意义被用来支持对家庭如何运作的特定理解，对"伦敦"的理解则抓住了南北之间不同政治和经济的关系。

　　早期人文地理学者段义孚（Yi-Fu Tuan）将"地点"分为两类：一是公共符号（public symbols），如纪念碑、艺术品、建筑物、城市等，它们可以把空间组织进意义的中心，价值的中心。这些作为公共符号的地点都是有意识建立的地点，而且它们的意义都是被有意识地控制的。二是呵护场所（fields of care），当人们之间充满情感的关系，通过重复和相互熟悉而在一个特定的地方找到停泊地的时候，它们就变得富有意义了。它们都是精心装饰和精心呵护的角落，这些角落通过重复使用而被结合进人们之间的关系中，并且建立起记忆和交往的仓库，由此而变得富有意义。这里存在着明确的道德信息，扎根于"本真"（authentic）的地点被认为是有意义的。呵护场所与公共符号相比更好，更有意义。

　　景观——思考景观意味着考虑某个地区所呈现的外观是如何被赋予意义的。在这里，"现实"和"表征"不容易轻易分开，研究的客体可能是城市的天际线，也可能是油画中的农村风景。重要的问题是：地域或者对地域的表征如何成为我们的文化世界的一部分。这就意味着洛杉矶的天际线可以被理解为对金钱权力的确认，而对农村风景的某种描绘则一直被用来表征英国性的特定观念。

3. 文化、权力、地点

约翰·阿格纽(John Agnew)在《地点与政治》一书中,把地点理解为三个维度:地方(作为行为背景的点,比如国会或城市);位置(置于广义社会关系中的地点,比如与国家政治或全球经济发展相关的城市位置)以及地方感(地点的主观维度)。而所有这些都必须联系在一起理解,所有的社会、经济、政治以及文化关系都被理解为在特定的地点内产生的,都是由权力关系产生的。

图 3-4-1 "地点"三维度图示

4. 生产性景观

约翰·康斯太布尔的著名油画《干草车》(*The Hay-Wain*)(1820—1821)可视为阶级与农村生活的重要表征。约翰·巴洛(John Barrell)揭示了这幅英国18—19世纪风景油画(为富人而生产的著作)中起作用的意识形态:"关于农村生活的艺术提供给我们的很大部分是平静、团结、几乎是平等主义的社会意象,我所关注的……是建议我们能够看清油画表层之下的东西,并且发现它似乎要否认的冲突的证据。"

他特别感兴趣的是人们,尤其是那些劳动者和农村穷人是如何在这些油画中被描绘的。他们是否被放在显眼的地方?他们表现出的是欢乐还是悲伤?在工作还是娱乐?

巴洛认为其实康斯太布尔画的是"生产性的景观",他要制造"生产性的和组织有序的油画意象,因为这与社会的组织有序相关"。这背后的意识形态体现为旧体系保守主义政治,这种政治把农业描绘为富裕之本,但是否定了劳动者在其中的作用,在这茂盛的草地意象中,英国农业的稳定性分享了这种自然的永恒。

正在工作的人物形象支持了这种稳定和秩序的思想,他们只不过是工人,冷酷的、没完没了的和无个性的工业象征,这就是他们的自然状态。用这种表征方式使他们不再是个人,而成为普遍性的人物、人文主义的象征和标志、色彩的客体。

■ **课后训练**

请阅读赵丽宏的《晨昏诺日朗》,思考以下问题:

1. 全文结构清晰,由起初所见与所闻不相符,至最终寻得诺日朗真实的样貌。唯有第四小节似乎与主旨无关,删去后不影响全文,试想第四节有何用意?

2. 第四节为何提及"马"?

3. 为何有"两匹"?

4. 为何两匹马是"一黑一白"?

■ **参考回答**

课后训练题——

对《晨昏诺日朗》的分析基于这样一种"地点观"、"风景观",没有真正自然的风景,只有文化的风景。作者在描绘诺日朗时,已有意无意地渗入了自身的潜在诉求与观念。而所谓写到"两匹一黑一白"之"马",自然最可能是作者亲身所见。但请注意,任何行文都是对生活实际进行挑选后的成果,作者选此细节写,我们读者自当"他人有心,予忖度之"。

第四节营造了"神秘、梦幻"的氛围,与后文相合。纵览作者与自然的关系,

第四节之前"我>自然",第四节之后"我<自然",仰视膜拜自然。第四节中,则是"我=自然",马与我并肩、与瀑布并肩,此节当视为过渡段落。

纵观全文,无不渗透着二元对立的内在逻辑——题目中的晨与昏,文中写作视角上的俯与仰、远与近,文中人物的我与游客、藏民与友人等。而与"马"相对的则是起初载我来到此处的"车"。自然风光与工业文明两相对立。心急如燎的作者最终是在马儿悠然安详的引领下沉静自身,方得自然之真。

■ **延伸阅读**

西蒙·沙玛:《风景与记忆》,胡淑陈译,译林出版社,2013年版。

马尔科姆·安德鲁斯:《风景与西方艺术》,张翔译,上海人民出版社,2014年版。

W.J.T.米切尔:《风景与权力》,杨丽、万信琼译,译林出版社,2014年版。

第五讲　身体

■ **本讲课时**

1 课时

■ **重点与难点**

了解与"身体"相关的诸家理论,并尝试迁移,由此分析生活中的"身体"事件。

■ **课前热身**

你有留意过从前的窗户设计与今天有何不同吗? 这样不同的开窗体验会带来怎样不同的心理效应?

■ **教学环节**

1. 身体与心智

有关身体的文化研究往往尝试辨析塑造人的身体外表与行为的一系列社会文化影响,反对最为简化的本质主义分析方式,即通过生物学因素来研究人的身体外表与行为。相关的文化研究中最常提及的术语为"心智"(mind)与"自我"(self)。

心智是一种理性思维和反映能力,由大脑活动来完成。笛卡尔将身体与心智分开,建立二元论体系。这以后两者关系对应为:

心智	身体
隐私	公开
内在	外在
文化	自然
理智	激情

身体是心智的载体,身体受制于欲望、爱好,心智控制并引导这些欲望与爱好。

2. 身体与自我

心智偏指理性才能,即思维与反映的能力。而自我,或者说自我的身份指在社会意义上这个人是什么、是谁。赫伯特·米德认为,自我有一大特点,即它能够成为自己的客体。作为自我,我们可以反省自己的所作所为,并在思考后作出选择。米德写道:"我们可以明确地区分自我和身体,自我具有成为自身客体的特点,这一特点使得它能够与其他客体以及身体区别开来。眼睛能够看见脚,却看不到作为整体的身体,这点是极为正确的。我们不能看见自己的后背,即使我们可以触摸到后背的某部分,也不能得到整个身体的体验。"

自我具备多重性,有些自我是持久的,比如作为学生的、在不断学习中成长的我们。有些自我是短暂的,比如在一次考试中失利的我们,那段时间中我们是沮丧的。

而身体同样也具备多重性,比如:我们拥有身体,同时我们也是身体。我们拥有具备物质需求的、需要提供吃穿的身体。我们拥有在健康、体型、样貌方面令我们关注的身体。我们的存在也同样要基于身体化的状态,我们对衰老与死亡的认识也基于这种身体性。

还有一些学者进一步区分了作为客体的身体与作为主体的身体。就前者而言,我们的身体是一个他人可以对之加以讨论、研究、分类,我自己也可以拥有的客体。就后者而言,我们的身体是自我的物理化身,是主体性之所在,比如：正在阅读一本书籍的我、正在转动脚踝的我——一个具体的人。于是，有些学者将身体(the body)与化身(embodiment)区别开来。

3. 身体与技术

1934年，法国人类学家马塞尔·莫斯提出了"身体技术"这一概念，即人们在不同社会了解如何使用自己身体的种种方式。莫斯认为，对身体而言并没有与生俱来的行动模式，比如走路、奔跑、分娩、洗澡等。身体行为是后天获得的属性，这是由不同人所接受的全部教育、归属的整个社会、所处的社会位置组合而成的。

在莫斯理论的基础上，1980年艾丽斯·马里恩·扬发表了论文《像女孩那样投掷》。该论文集中研究了身体活动中存在的性别差异，以此进一步阐明了关于身体技术的有效思考。书中写道："女孩不像男孩那样把整个身体都投入到这一运动中来。她们不会退后、曲身、向后移动、向前跨步斜身。相反，女孩除了她们的手臂外更愿意保持相对不动的体态，甚至手臂的伸展也达不到相应的要求。"扬把女性运动的局限性描述为"受到约束的意向性"。正如梅洛庞蒂所言，人类在世界上最初的关注点不是大脑或意识，而是身体对其周围环境的适应。如今占主导地位的女性运动形式会约束、限制女性意图的实现。

4. 身体与规训

米歇尔·福柯的理论重在讨论权力、知识、身体之间的斗争关系。他对比了君权时期与现代的律法权。前者指中世纪时期统治者对臣民的统治，后者则偏向于现代监狱制度。君王为维护个人意志与法律，常常用摧残他人身体的方式进行惩戒,如鞭刑、拷打、肢解、死刑等。而今天,对身体的规训将在监狱中进行。犯人在监狱中的作息安排,洗漱、吃饭、劳作等时间都有严格规定。在对身体的规训中,灵魂也逐渐受到改造,且后者的改造才是根本目的。

此外,对犯人的处置措施还受到来自法律体系之外的影响。新的犯罪学、精神病学、现代医学的出现,将人的身体作为研究对象,由此寻求理解和控制身体的途径。规训的权力恰好建立在这些新兴学科所产生的知识与技术之上。在这些规训权力背后有这样一个正常化、合理化的过程。

规训权力的进一步发展体现在设计建造监狱的过程中,人们融入了新的监视方法。19 世纪功利主义学者杰里米·边沁设计了"圆形敞视监狱"(panoption),圆形监狱逐渐成为现代社会主要特征的一种暗喻。当我们在小区、学校的走廊发现新装上的摄像头时,我们是否可以感受到这种暗喻?是否感受到有效监察与维护隐私的两难?

■ **课后训练**

阅读以下语段,结合具体的生活经历,谈谈你的体会。

现代城市和行人的身体体验

马歇尔·伯曼

19 世纪中期巴龙·奥斯更在巴黎市中心建造了一条新的林荫大道,这里吸引着越来越多的行人和车辆。伯曼引用诗人查尔·波德莱尔的观察来描绘随之发生的变化:

大道上的生活,比以前的城市生活更令人眼花缭乱、兴奋激动,也使行走在这里的众多男男女女们感到愈发的险象环生、胆战心惊。

下面便是波德莱尔描绘的最初的现代景象:"我匆匆穿过大街,周围一片乱哄哄,似乎死亡正从四面八方朝我袭来。"如我们在这里所见到的,这个现代人的原型是一个跻身现代城市车流旋涡中的行人,是一个孤身一人与沉重、迅速并致命的大众与能量的混合物相抗争的人。正在膨胀的街道和路上来往的车辆根本不知道时空限制为何物,它们涌进城市的每一寸空间,把它的节奏强加给每一个人,将整个现代化的城市环境弄得一片"乱哄共"。这里的"乱"不在于动者本身——个体行人或是司机,他们每个人也许都在寻找对他们而言最为有效的路线,这里的"乱"恰在于他们之间的互动,在于他们在同一空间运动的那个整体性。这就使林荫大道成为资产阶级内部矛盾的最好象征:每个单个的资本主义单位的合理性,却导致把所有这些单位聚合到一起的整个社会体系的非理性。

被投掷到这个旋涡之中、站在现代街市上的这个人,被赶回了他最初的所在——通常他并不知道自己来自这里——被迫为了生存绝望地挣扎。为了超越这一片流动不定的混乱,他必须使自己与这混乱局面的运动相协调、适应它,必须学会不仅跟上它的节奏,还要至少领先一步。他必须逐渐熟练学会soubresauts(原地直腿跳)和mouvementsbrusques(突然开始运动),学会突然地、出其不意地颠簸着扭动挪移——不仅移动他的腿和身体,还有他的大脑和神经。

波德莱尔表现了现代城市生活如何把新的运动加于每个人身上,也表现了在这样做的同时,城市生活也似非而是地强化了新的自由模式。一个知道如何进入、周旋并穿过车流的人,可以沿着无尽的、没有交通问题的城市走廊到达任何地方。这种运动性为城市居民开启了大量的新体验和新行为。

(节选自马歇尔·伯曼:《一切坚固的东西都烟消云散了——现代性体验》,徐大建、张辑译,商务印书馆,2003年版)

■ **参考回答**

课前热身题——

过去的窗户是向外推的,如今的窗户多是左右拉动的。从肢体感受上看,前者是"打破"、"冲破",从私人空间入侵公共空间。后者则力求淡化私人空间与公共空间之间的界线,处理方式更温和、圆融。

■ **延伸阅读**

米歇尔·福柯:《规训与惩罚》,刘北成译,生活·读书·新知三联书店,2003年版。

马泰·卡林内斯库:《现代性的五副面孔》,顾爱彬译,商务印书馆,2002年版。

附　录

附录一：《等待戈多》与中国戏剧之剧场身体的流变

第一章 引言

1.1 中国改编版《等待戈多》之概况

西方荒诞派戏剧兴盛于 20 世纪五六十年代,我国则由 80 年代起出现具有荒诞派特征的戏剧。贝克特的《等待戈多》作为荒诞派经典之一,影响着数代中国戏剧人。这种影响也由 20 世纪 80 年代初见诸中国舞台。以下是中国舞台上《等待戈多》的部分改编剧目梳理:

表 《等待戈多》中国改编剧目

年份	导演、剧名	特　　点	资料情况
1986 年	陈加林《等待戈多》		无视频、无剧本、无研究文献
1991 年	孟京辉《等待戈多》	剧本大部分照搬原著。在舞台文本设计与空间设计上有较大特色。	有视频、无剧本
1998 年	林兆华《三姐妹·等待戈多》	用拼贴的方式重建剧本。是林兆华第二个戏剧阶段("经典重构"阶段)的代表作之一。	有视频、无剧本

年份	导演、剧名	特　　点	资料情况
1998 年	任鸣 《等待戈多》		无视频、无剧本、 无研究文献
2004 年	李然 《等到戈多》	上海首届大学生话剧节①获得一等奖的剧目，国内改编版本中的新一个里程碑。	有视频、向导演询到剧本、无研究文献
2005 年	［台湾］吴国兴 《等待果陀》		无视频、无剧本、 无研究文献

国内尚未有对以上戏剧的综合梳理与研究。针对单个剧目的研究也仅限于孟京辉的《等待戈多》、林兆华的《三姐妹·等待戈多》两部戏剧。并且，研究文献多为篇幅短小的浅议文章。本文根据各剧目的资料情况与受关注程度，将针对其中最具代表性的四部戏剧进行研究分析。

1.2　贝克特之"身体"研究

我国对贝克特的研究进程可大致分为三个阶段。第一阶段主要出现于20 世纪70 年代与90 年代，我国掀起贝克特戏剧译介与研究的两次热潮，但当时的研究大多局限于荒诞派与存在主义两种论述方向。第二阶段出现于20 世纪末，该时期的研究方向较为丰富，涉及语言哲学、人物分析、互文性、时空设置等。2006 年，贝克特百年诞辰之际，国内研究出现第三个阶段，该时期的研究成果是对之前探索的充分补充。②

曹波与姚忠在《中国的贝克特戏剧批评》一文中指出，综合多年来的研究成果，国内贝克特研究的方向可大致分为五个方面——语言艺术、时空艺术、结构艺术、怪诞的舞台形象与精神分析学主题、戏剧关系史。③ 于"怪诞的舞台形象

---

①　2001 年，北京举办了首届大学生话剧节，2004 年上海、广州等地也开始办。北京大话节举办至2008 年，又设立了北京青年戏剧节。上海大话节、北京大话节与北京青戏节都为新的中国戏剧舞台提供了源源不断的新导演与优质戏剧。

②　曹波,姚忠. 中国的贝克特戏剧批评[J]. 外国文学研究,2011(03)：12.

③　曹波,姚忠. 中国的贝克特戏剧批评[J]. 外国文学研究,2011(03)：13.

与精神分析学主题"方向的研究成果中,上海外国语大学刘爱英的博士论文《塞缪尔·贝克特:见证身体之在》是国内仅有的一篇立足于"身体问题"的贝克特研究。该文从现象学、政治学、社会学、心理学等多个角度研讨了贝克特戏剧实践与理念中的"身体"元素。

其实,国外学者对贝克特戏剧的"身体"研究早已初具规模。莫非(Murphy. P. J.)在《贝克特批评:英语、法语、德语研究导论》(Critique of Beckett Criticism: A Guide to Research in English, French and German)中就指出:西方贝克特研究的四项后期成果中有三项都是与现象学意义上的"身体"概念有关的。

格塔斯基(Gontarski)的《贝克特剧场身体之身体》(The Body in the Body of Beckett's Theater)一文也延续了"身体"研究的线索。他认为正是"身体"元素将贝克特戏剧中的多种意义统一起来。他提到:"从贝克特的第一部戏剧到最后一部电视作品,他一直在探寻与展现着舞台上的身体,无论是事实的还是虚构的,有形的还是无形的,是台上的还是台下的,是肉体的还是非肉体的,是真实的还是电子化的……"①

1982年,皮埃尔·查伯特(Pierre Chabert)的研究著作《贝克特剧场中的身体》(The Body in Beckett's Theatre)出版。查伯特指出贝克特舞台上的演员"身体"与传统舞台上的演员"身体"有较多区别,并进一步分析阐释。而查乌拉(Chawla)的《塞缪尔·贝克特:在他的作品中阅读"身体"》(Samuel Beckett: Reading the Body in His Writings)也同样发展了贝克特的"身体"研究。刘爱英博士指出:"查乌拉立足于'身份'研究,试图阐述贝克特是如何通过'身体'的展现来消解'身份'概念的。然而,查乌拉的研究较多涉及贝克特的小说作品,而非戏剧,因而尚有需要补充之处。"②

结合以上论述,我们不难看出无论是国内还是国外,对贝克特作品进行"身体"方向的研究都还需进一步发展。

---

① Gontarski. S. E. The Body in the Body of Beckett's Theatre [J]. Samuel Beckett Today, 2001. 169 – 177.

② 刘爱英. 塞缪尔·贝克特:见证身体之在[D]. 上海外国语大学,2007.

1.3 剧场身体——作为又一种研究线索

从柏拉图的"身心"二元论到笛卡尔主义对"灵魂"的偏属,"身体"概念在不断地走向被压制的境遇。此时,尼采伸出援手,借权力意志说使"身体"得到一定程度上的解脱。进而,福柯将"历史"意义附着于"身体",丰富且提升其意义。直到梅洛·庞蒂的出现,"身体"得到了"心灵化"的阐释,从二元论的争执中获得了胜利。梅洛·庞蒂将"身体"与感知、记忆、意志联系在一起,并称其为"肉"。他说:"我们所谈论的'肉'不是物质,它是可见者对能看到的身体的环绕,可触者对于能触摸的身体的环绕,当身体在看和触摸事物的过程中看自己和触摸自己时,这尤其获得了证实,以至于它同时作为可触摸者下降至诸事物之中,作为触摸者主宰着它们全部,并且从它自身中通过整体的分化或者裂缝引出这个关系,甚至是双重关系。"①

由此,"身体"的"可见性"特质被凸显出来,而戏剧之"身体"更直接地、完整地呈现出自身的"可见性"。许多戏剧家们也早就领悟到了这一点,德里达在分析阿尔托之"残酷戏剧"理论时就曾提到:"阿尔托所要揭示的是'话语就是身体','身体就是剧场','剧场就是文本的存在'这样一些最普通的道理。这就是说,所有的作品文本不再受原有文本或原有话语的支配。这样一种剧场就是比剧场本身更古老的书写。"②著名戏剧理论家兼导演彼得·布鲁克也说:戏剧就是"一个人在另外一个人的注视下进入一个空间"。

在戏剧的范畴中,"身体"与"空间"是密切相关的两个概念。而在后现代的语境中,这里的"空间"指向"剧场空间"。因而,"剧场身体"——既突出了戏剧研究中所需要重视的"身体性",又强调了剧场空间的意识。并且,"剧场空间"意味着我们需要意识到三个空间的同时并存——剧本空间、舞台空间、剧场空间。这也意味着对于经验中的身体,我们至少需要关注演员身体与观众身体的两重存现。而这里对"演员身体"的关注已然让我们看到布莱希特戏剧理论带来的戏剧分析角度的变异。当布莱希特要求演员不仅要表现角色,还要表现

---

① 吴威德.可视的身体向量[D].上海戏剧学院,2009.
② 陈世雄.导演者:从梅宁根到巴尔巴[M].厦门大学出版社,2006:167.

他们"自身"的时候,"演员身体"就被凸显了出来。

既然"剧场身体"是后戏剧的关键因素,也是我们分析先锋戏剧的一个重要切入点,那么我们的戏剧研究中是否有尝试运用这套话语、尝试分析该因素的举措呢?从国内《等待戈多》的改编剧目研究中看,研究文献中没有一篇是提及"剧场身体"或"身体"概念的。

此外,如果我们参考国内先锋戏剧研究的专著,可以看到最具代表性的综合性论著是《中国当代先锋戏剧 1979—2000》(陈吉德,2004 年)与《中国先锋戏剧批评》(周文,2009 年)。两书中虽有涉及"剧场"概念的部分,但仅停留于"重视观众""注重演员与观众的交流"这一维度。比如:周文在谈及"剧场性"时说道:"现代剧场的重要目的就是创造新的空间、努力缩短观众与演员之间的距离。"而依照雷曼的表述,我们至少应该注意与分析剧场空间中演员身体的"存现"情况。比如演员身体是如何分离于所饰角色之外而存在于剧场中各个空间内的,而演员身体又是如何在扮演角色之外表现自身的这种存在性的,等等。

那么,"剧场身体"被研究者忽视的原因是什么?在中国先锋剧编导演的著述与采访中,他们多提及自己所受的西方戏剧理论家的影响,其中出现名字最多的是:布莱希特、阿尔托、荒诞派理论(马丁·艾斯林等)、格洛托夫斯基(格氏)、彼得·布鲁克、谢克纳。而国内戏剧研究著作中,对这些繁杂的西方戏剧理论并没有进一步的区分、分析。我们看到综合研究 20 世纪八九十年代先锋戏剧,且具一定权威性的著书——陈吉德的《中国当代先锋戏剧》中,这些理论都被视为"反斯坦尼"式的。但是,如果我们查看西方较有代表性的戏剧理论总结性著书《现代戏剧理论与实践》(J. L. 斯泰恩,1989 年),我们会发现斯泰恩提供了一个基本的分类:自然主义、表现主义、象征主义。斯坦尼属于自然主义一脉,布莱希特偏向于表现主义,而阿尔托、荒诞派戏剧理论、格氏、布鲁克、谢克纳都属象征主义。此外,斯泰恩也指出"荒诞派戏剧理论"在象征主义一脉中也有一定特异性。

参看国内其他针对 20 世纪八九十年代戏剧的研究资料,我们会发现继斯坦尼斯拉夫斯基之后,"布莱希特"成为又一大理论参照系。然而,与先锋戏剧理论关系更为密切的"阿尔托"一脉并没有成为研究的对象与研究的参照。但后戏剧剧场中的"身体"概念之源头恰好就在"阿尔托"那里。在中国先锋戏剧导演心目中视为宝典的《残酷戏剧》一书中,阿尔托提到:"我们今日处于蜕化状态,只有通过肉体才能使形而上学再次进入人们的精神中。"

此外,与国内戏剧研究相对的恰恰是我国新锐戏剧人越发明确的"剧场身体"意识。孟京辉于 2000 年整理的《先锋戏剧档案》是对中国先锋第二个十年的总结。而他于 2011 年编著的《新锐戏剧档案》可谓是新一个十年的最有价值的参考资料。该书涉及了十年来中国先锋剧坛上最有代表性的十位导演,以及四十二部剧作。如果我们以该资料中所列举的十位新导演为线索,广泛收集他们的相关报道、采访资料、个人文章等信息,我们会发现除了康赫、赵川以外的所有导演极少具体谈及自己的戏剧理念。而这两位导演当论及自身戏剧理念时,最核心的词汇便是"剧场"、"身体"。康赫就曾于 2010 年发表《戏剧空间中的身体和声音态度》一文。而赵川更是直接用《身体剧场》一文表明自身戏剧观的立足点。他所创建的草台班文化站项目还曾公开进行了"身体剧场"的讲座,以向更多戏剧爱好者传达其戏剧理念。

因此,当舞台上的中国戏剧人在关注剧场身体、于创作中融汇剧场身体元素的时候,当国内戏剧研究者并未充分分析与研究该元素的时候,我们不妨以此为本文核心的研究线索。

第二章 被繁殖的身体: 孟京辉之《等待戈多》(1991)

2.1 成为个体的自在性身体

1991 年,引领 20 世纪 90 年代中国先锋戏剧的戏剧人孟京辉完成了他大学时代的夙愿——孟版《等待戈多》起航了。

孟京辉首先明确了剧场身体的自在性。孟版《等待戈多》与林兆华、李然等人的版本都有极大不同。他更为关注对原作的还原,因此在台词设置上基本照搬了贝克特的原作,体现其个人风格的出口就基本集中于舞台、演员服装、道具及动作设计上了。我们且看两位主要角色的服装安排。在贝克特的剧中,戈戈与狄狄都是流浪汉,由詹姆斯·诺文森著写,约翰·海恩斯摄影的《贝克特的肖像》中存留了宝贵的影像资料,我们可以看到两位"流浪汉"戈戈与狄狄的着装是较为类似的,衣衫稍显碎布状,但上衣下裤完整。而根据贝克特的指导记录,他个人在服装上只要求为戈戈添置多一些衣料,因为在剧本设定中,"戈戈总是一个感到冷的人,他应该穿一件黑色短夹克,两手抱在胸前,经常缩成一团"。要注意的是,贝克特要求狄狄穿的是一件"黑色长外衣"。两个流浪汉都是"黑色"的衣服。①

相对的,在孟京辉的《等待戈多》里,两位主演郭涛与胡军的装扮已然与前者差之千里。他俩赤身披着西装,一黑一白,虽然西装西裤全副武装,但前胸腹部都直接袒露着,乍看之下实在让人不解导演的意图。第二幕的时候,两人的装束稍有变化,他们同时加上了一条领带,而这两条领带自然没有出现在贝克特的版本中。继而,两条领带在孟版《等待戈多》中发挥了独特的作用。当波卓与幸运儿再度出现,戈戈与狄狄最终决定向他们施加暴力的时候,领带成了勒死幸运儿的工具。

关于这一段与暴力有关的戏,苏珊·桑塔格也曾提及过。在《重点所在》一书中,桑塔格记述了她在萨拉热窝导演《等待戈多》的经过。② 她用三组演员饰演戈戈与狄狄,她提到,这样做的好处不仅在于有效利用了多余的优秀演员,而且让"围殴"这一段表现得更有现实冲击性,这是对剧场身体的凸显与利用。而孟京辉的"领带"同样做到了这一点。他不断地让演员的剧场身体展现出自身的存在性,且用当下的身体为在场观众制造实感的体验。汉斯·蒂斯·雷曼在《后戏剧剧场》中也曾专门论述过"身体"元素在后戏剧中的重要地位。他认为,后戏剧中的"身体"应该与"痛苦"的概念难舍难分。③

在孟京辉的设计下,我们也能看到他在剧场身体上的"痛苦"调配。波卓与幸运儿第一次出现时,贝克特充分表现了这两人的主仆关系,甚至有研究者认为这其中有受虐与施虐的设置。无论这层关系有何种隐喻,它在孟京辉的《等待戈多》里都得到了淋漓尽致的表现。孟京辉放弃了贝克特使用的"绳子"道

---

① 焦洱,于晓丹.贝克特——荒诞文学大师[M].长春出版社,1995:170.
② 苏珊·桑塔格.重点所在[M].黄灿然,陶洁译,上海译文出版社,2004:364.
③ 汉斯·蒂斯·雷曼.《后戏剧剧场》[M].李亦男译,北京大学出版社,2010:214.

具，波卓与幸运儿是分开上场的，而且幸运儿身上并没有套上绳子，波卓没有牵狗似的牵着他。然而，当波卓开始他的演说时，幸运儿俯下身自当坐骑，让波卓直接骑在了他的肩膀上。虽然，两位演员依旧在复述着贝克特的台词，但舞台文本已然改变了。观众看到的是一个"完整的"以剧场身体的方式凌驾于幸运儿之上的波卓。

如果说以上的细节都不曾进入研究者的视野，那么，孟京辉在结尾时的"破窗"一笔确然让众人都心折骨惊了。几乎所有对这场戏的评论都会提到剧末时，演员将房间内所有窗户敲破的行为，当人们将其解读为 20 世纪 90 年代一批新新中国戏剧人的呼告、觉醒之时，我们不妨回到最基础的描述：打破窗户这一舞台文本的设计已然超越了台词，超越了事先安排的各种彻底性规划——我们知道窗户要被打破，但是否能顺利打破，如何打破，打破后的效果与观众反馈等都不在预计中，唯一可以确定的是在此刻将有一个身体行为发生，至于如何发生，我们甚至可以推测这是即兴的，不是完全自发的。于是，在孟版的《等待戈多》中，我们首先看到了一个早期先锋戏剧中不曾出现的——自在性的剧场身体。

第二，若是进一步讨论我们会发现，这一自在的身体是囿于个体自身的。它不仅是自在的，而且是完整的、封闭的。这里我需要再次提及不同戏剧人对戈戈与狄狄的着装安排，林兆华版本的《三姐妹·等待戈多》里，戈戈与狄狄虽不像流浪汉，但他们的着装是统一、朴素的，麻布做的上下装、坎肩与裤带都让人想起鲁迅那个年代的拉车夫形象。故而，贝克特与林兆华对演员着装的安排有一定相似性。但在孟京辉的《等待戈多》中，人物的着装是"黑白分明"的。他们甚至"舍弃"了贝克特经典的"帽子戏法"。原本全体戴帽子的设置被打破，四位人物无人有帽子道具。狄狄则用黑雨伞代替"帽子"。当贝克特原作台词上指出"戴上帽子"的时候，狄狄却撑起了黑伞。进而，黑白分明的色彩基调还延续到了整个舞台设置中——刷成粉白的所有墙面、白色的自行车、黑色的钢琴。

相对这种黑白两立的局面，孟京辉对语言/行为关系的处理却不及贝克特那么明朗了。在贝克特的《等待戈多》中，我们时常可以看到这样的台词与舞台文本：

　　"爱：我要去找只胡萝卜。

　　［他站着不动。

　　……

　　弗：嗯？咱们走不走？

　　爱：好的，咱们走吧。

　　［他们站着不动。"①

　　然而，这部非常尊重原作台词、几乎一板一眼仿效原著的孟版《等待戈多》竟然没有出现如此经典的细节。当人物要"走"的时候，他们确实付诸了行动，语言与行动在这里得到了统一，又或者说从未分裂过。在贝克特那里，用意似乎是极为明显的，但孟京辉的想法就值得我们进一步研究了。

　　细看人物塑造上的差异，我们会发现孟京辉的《等待戈多》似乎在极力验证马丁·艾斯林《荒诞派戏剧》中所言，戈戈与狄狄是贝克特塑造的一个整体的两个分身，两者性格相辅相成，呈现互补的关系。然而，在孟京辉的映衬下，贝克特的人物设置并未如此绝对化。孟版《等待戈多》中，狄狄同原作一样与戈戈有了如下的对话：

　　"爱：你肯定是在今天晚上？

　　弗：什么？

　　爱：是在今天晚上等他？

　　弗：他说是星期六。（略停）我想。

　　爱：你想。

　　弗：我准记下了笔记。"②

---

　　①　萨缪尔·贝克特.贝克特选集3：等待戈多［M］.郭昌京,涂卫群等译,湖南文艺出版社,2006.

　　②　根据视频资料听写、整理。

然而,接着发生的事就是孟京辉的变更了。他让狄狄直接掏出了一本黑色的笔记本,并且在戈戈的追问下"极为确信"自己的记忆,又或者说是"记录"。在贝克特那里,狄狄确实相对戈戈而言更为理性,马丁·艾斯林也指出过这一点。但是,贝克特并没有让两人分化得如此彻底。同样是行进至此的台词,贝克特的表述是:

　　　　"[他在自己的衣袋里摸索着,拿出各色各样的废物。"

　　可见,孟京辉为每个人物设定了更为完备的性格、特质。他们语言与行为合一,理性与非理性两立。在这个"黑白分明"的空间中围于每一个实体本身,他们是完整而封闭的自在性身体。

2.2　仿效与繁殖

　　孟京辉的《等待戈多》与其他中国戏剧人的改编有极大不同,其中一处在上文已提及,那就是对原作的几乎完整的"模仿"。比较另外三部中国版《等待戈多》,孟京辉"照搬"的幅度是很大的。福柯曾在《词与物》中指出"相似性"的四种形式,其第二种形式即是"仿效"。福柯认为:"仿效是一种不受位置律束缚的'契合',并能够静止地在远处起作用……在仿效中,存在着某种映像和镜子。它产生于存在物中的折叠,折叠的两面是直接相对的……仿效并不放任自己碰到的那两个被映照的人物处于没有活动力的对立状态中。有可能,其中一人较弱,因而受到了另一人的强烈影响,后者因此映照在前者的被动镜子中……"[1]在这里,孟京辉的仿效确实让我们看到贝克特的巨大"投影"。然而,这样互相对抗的双方是如何控制彼此,形成所谓"一系列彼此映照和竞争的同心圆"的呢?

　　1991年孟版《等待戈多》演出是在戏剧学院完成的,规模较为小众,然而,此后孟京辉也将其制作为视频形式,由此也收获了更多观众。在视频剪辑中,我们看到所谓"剪辑"的部分只是添加一个片头。但不仅仅是播送一份演职人

---

① 福柯. 词与物——人文科学考古学[M]. 莫伟民译,上海三联书店,2001:26 - 27.

员表。视频伊始,张楚的音乐也随之响起——这位从孟京辉的学友摇身一变,成长为一整代人记忆中的乐坛领袖的张楚,用他的摇滚为孟式戈多熏染了20世纪90年代的独特韵味。但音乐依旧不是核心。视频的画面中,一群煤堆上的青年们被记录了下来,虽然画面很粗糙,但正因为粗糙,一个先于1991年的有关戈多的独特记忆被重提了出来。

这段往事即便在孟京辉2010年新编出版的《孟京辉先锋戏剧档案》中依旧以缅怀的口吻纪念着。在此书中,孟京辉将1989年他与同侪们策划《等待戈多》却演出未遂的事情再度提出,并完整整理了当初他们一同讨论该剧无法演出问题时的录音内容,将该文陈列在此书的第一篇。同样的,《等待戈多》的戏剧视频中,最初那些煤堆上的身影们正是他们演出未遂时的记录。学生时代的孟京辉、廖一梅、刁奕男、施润玖等一番人像记录后,镜头转向他们最初戏剧的开始——那一排排的操场边台阶,他们坐在那里手持着《等待戈多》的画报。在最后的剪辑叠加中,一幅大字报出现了,上书:

"郑重声明:

原定今日下午"等待戈多"的演出,经与校方商量,暂时取消,在适当的时候再演出。

谨向贝克特先生致歉。

1989. 12. 31"①

"1989年12月31日,14时"——在一分多钟的视频时间轴上,这个如此精确的时间出现了两次。孟京辉对当初《等待戈多》的遥念、感怀昭然若揭。而对于他所效仿的"前辈"贝克特,他所表达的是一股来自崇敬与热望之心的歉意。这种情感融合到1991年的首次演出中,转而成为一种仪式性的祭奠。正如孟京辉在2000年版《先锋戏剧档案》收录的《〈等待戈多〉导演的话》上所写:"毁灭一个不真实的虚妄,重建一个回忆中的家园。"确实,这个"家园"是留存于记

---

① 根据视频资料整理。

忆中的,并且孟京辉正在亲手实践他的"重建"伟业。

在这份"导演的话"中,孟京辉用这样一句诗作结:

"我找到了
爱你的秘诀
永远作为第一次。"①

我们可以留意"永远"与"第一次"这两处对时间性的暗示,两者的悖反恰好将1991年的《等待戈多》推上这样一处时间点——曾一度演出未遂的所谓"第一次"的《等待戈多》完成于今日,而今日的《等待戈多》似乎又开启了某扇新的等待之门。当众多批评者由孟京辉出发,挖苦中国戏剧人在"等待"上毫无悲剧性,过于乐观积极之时,我们却没有看到这个时间点上的双重意味。孟京辉在"导演的话"中明确了一点——他们要"等待奇迹的发生",并且相信它终将到来——这段话历来受研究者诟病。但如今,结合1991年《等待戈多》的创作演出背景,我们明确了这句话所在的历史轨迹:可以说,这句话的产生建立于孟京辉等人之《等待戈多》的已完成,建立于他们在1989年开始未知"等待"后的某个黎明。这种在"等待"上的真正满足与获益让此刻之后的时间点变得不再那么影影绰绰了。相应的,这个时间点为孟京辉的先锋戏剧之宣言提供了契机。此刻,他所要做的不仅仅是对贝克特等前辈们的继承,而是开始了对"父亲"的"选择"。

在《等待戈多》之"导演的话"中,孟京辉还提到,他们曾经多么希望是"戏剧选择了我们,而不是我们选择了戏剧"②,当他们期盼着一个"自由的凭借"时,这种凭借以戏剧的方式,特别是戏剧改编、重塑的方式来到了他们手中。当他们无法决定"被选择"时,他们以自身"选择"的方式,"选择"了这种"被选择"——那就是对"父亲"的选择。在《等待戈多》的黑白世界里还反复出现着

---

① 孟京辉.先锋戏剧档案[M].作家出版社,2000:11.
② 孟京辉.先锋戏剧档案[M].作家出版社,2000:46.

一个意象——"倒置"。白色的自行车是以倒立的姿态搁置于舞台醒目位置的，而那棵著名的"柳树"在孟京辉的处理中成了倒吊于天花板的奇树。这个倒置的戈多世界曾一度受到激赞。而此刻我们不能空谈其潜意识中的隐喻义，而需要更充分的理据。

当孟京辉让所有演员都抛弃贝克特的经典"帽子"之时，他改用了黑色的雨伞。并且，这把雨伞是留给同样"黑色"着装的狄狄的，这样的设置不仅呼应了整个舞台的不对称造型，而且消解了贝克特在肢体表演上的匠心安排，原剧作中一场有趣而独特的帽子戏法不见了。那么，要如何对应《等待戈多》中不可或缺的肢体动作戏码呢？如何用更为妥帖的方式表现贝克特的"荒诞"呢？

孟京辉将这悲中之喜的承载者赋予了贝克特的先辈——卓别林。历来对贝克特《等待戈多》的文本阐释中，就有层出不穷的"卓别林论"出现。人们认为"戈多"是卓别林的别名，此人在法国就被称作夏洛。并且，卓别林创造的那些小人物，他们头上戴着圆顶硬礼帽，而贝克特此剧中的四个人都戴这种礼帽。此外，悲中带喜也确实是卓别林剧作的特点之一。[①] 于是，那段经典肢体演出的戏码被一连串卓别林式的模仿取代了，而黑雨伞的真正功用也尽显。

对卓别林与贝克特这两位大师的"选择"让我们看到这场戏剧的浓厚仪式性，它的指针显然偏向了阿尔托一脉的象征主义戏剧。黑白倒置的感官世界迥异于贝克特的布置。在整部戏剧中，每当说到"我们在等待戈多"一句就会有刺耳的闹铃声响起。这重复感官强调将仪式与剧场身体连结到一处。此刻，这个作为实体的身体又会在仪式场域的浸淫下生出何种特质呢？

事实上，"重复"确然是贝克特的一大主题。从第一日到第二日的反复回环，戈戈与狄狄重复的对话以及重复后回到原点的等待，乃至小男孩的两次出现，无一不在叙说着"重复"之于存在的意义。而相应的，孟京辉的《等待戈多》在台词刚开始的地方就显示了他对"重复"母题的强调。狄狄不再是以对话的方式回答戈戈的问询，而是拿起了破报纸，用重复的手法念台词似的反复说道："我开始拿定主意。我这一辈子老是拿不定主意，老是说，弗拉季米尔，要理智

---

① 焦洱，于晓丹.贝克特——荒诞文学大师[M].长春出版社，1995：154.

些,你还不曾什么都试过哩。于是我又继续奋斗。"这一处台词的变更也是全剧仅有的几处台词改动之一,可见其重要性。

而正如维柯所建立的"重复"与"繁殖"间的连结,我们依旧可以看到这一延续在孟氏戈多中的显露。那棵在"第二日"长出几片新叶的树,在孟京辉那里则变成了两棵,而接替贝克特之"小男孩"的竟然是两位白衣护士,更有趣的是扮演两位护士的演员是双胞胎姐妹,两人同时出场,且异口同声地讲演台词,造成极为诡异的舞台效果。可见,由"重复"转向"繁殖"的隐喻不断浮现于孟版《等待戈多》之中。

而"繁殖"对身体而言正是一种生成,并且,是专注于"实体性"的生成。而孟京辉在该剧中也为这种生成营造了一个妥帖的母体——作为剧场空间的"房间"。是的,1991年的这出《等待戈多》显然没有利用任何专业的舞台,它上演于中央戏剧学院的一间教室。于是,我们也有了更为贴近观众的天然场所。在这个原生态的"小剧场"中,没有舞台,只有演员表演的地方,以及观众座位所组成的自然区域。而有趣的是,从观众的视角看过去,那扇挂着《春》之局部图门帘的"门"恰好在教室一墙的中央,这样的设置将"门"凸显了出来。并且,全景黑白的房间内,也唯有这扇门上有一抹"春"的亮色。再有,这一"局部"春景很自然地让人联想到"门"之外的一大片绝妙色彩。当我们听到孟京辉替代贝克特之宗教类台词而植入的"诗性"桥段,我们首先截获的内容就是——"啊,多么美妙的景色!"

这扇处于独特位置的"门"不仅带来"春"的召唤,更重要的是,它在整部剧中不断强调了自身的"功能"。在贝克特的版本中,扬言要离开的狄狄只能象征性地走到舞台尽头,而孟京辉的各位演员们是堂而皇之穿门而出的。当整间教室以"剧场空间"的形态暗下灯来,我们眼前唯一的光点只有那正中央的"门",黄色的光线由门外打入,我们看到一个黑影(戈戈)跑出,我们也不断期待着又一个"演员"的进入,无论是演员还是谁,总之,这扇门确实勾连起整个房间内观众对某一个实体性身体的期待。所有观众同戈戈与狄狄一起,看着"门"。而当狄狄最后打破所有窗户时,剧烈的响声不仅送给了他们自己,还送给了所有被一起幽闭在这间屋内的观众。于是,这独特的剧场空间设置为我们提供了新的一种对"戈多"的期盼——一种诉诸实体性身体的期盼。它在孟京辉的仪式性仿效中被繁殖了出来。

第三章　被变形的身体：林兆华之《三姐妹·等待戈多》(1998)

3.1　拼贴与"适合"

林兆华曾与另一位著名戏剧人一起开启中国先锋戏剧的大门，然而，迈进20世纪90年代，人们不禁要问：这位老当益壮的先驱者还能为中国舞台带来新的畅想吗？这次，他用自主编制的"经典改编系列"再度异军突起了。用林兆华自己的话说：他这一系列经典改编的基准理念就是——"第二主题"。[①] 他认为导演都应该有属于自己的第二主题，这帮助众多经典常在的戏剧复兴，获得新的意义。在1998年林兆华改编并导演的《三姐妹·等待戈多》中，我们就看到这样的操作。当三姐妹在完善一个"走与不走"的故事的同时，《等待戈多》的并行上演向我们暗示了"等待"与"走与不走"的勾连，甚至同义。

在林兆华20世纪90年代的经典改编剧目中，《哈姆雷特》与《赵氏孤儿》都是较为轰动的。但相比这两部戏剧，《三姐妹·等待戈多》最显著的特点即在于"拼贴"手法的运用，林兆华首度将两部名剧结合在一起演出。在福柯的《词与物》中，对"相似性"的第一种形式归类即是——"适合"，福柯指出"适合"表示在位置上的不断靠近。[②] 我们不妨比较一下林兆华的《三姐妹·等待戈多》与孟京辉的《思凡·双下山》，后者也是以拼贴手法取胜的著名先锋戏剧，但同样是拼贴，两者相差很大。孟京辉是将两个故事——中国明朝无名氏传本《思凡·双下山》、意大利薄伽丘《十日谈》部分章节逐一排列后上演的。而林兆华则将《三姐妹》与《等待戈多》打碎，穿插着演出。如果我们由福柯"适合"的形式提法看，林兆华的戏剧更凸显了两部经典剧目在"位置"上的相邻，并且用动态的方式体现了"位置"的互动、交错。

[①]　林兆华说："作为导演，每排一部戏，都得有个第二主题。这第二主题是我的。第一主题是文学的。"出自林兆华2001年发表的《文艺研究》的《戏剧的生命力》一文。

[②]　福柯. 词与物——人文科学考古学[M]. 莫伟民译，上海三联书店，2001：24.

戏一开始，三姐妹共坐舞台中央的一个矩形平台上，平台四周有水围绕。细看下这个平台类似于一个船体，稳定地浮于水上，又如导演自己所言，好像一座"孤岛"。这样一种舞台设置为两部戏设定了自然的舞台划分。三姐妹囿于自己的舞台空间，而《等待戈多》的舞台空间则在该"孤岛"前的一块空地。如果我们把靠近观众席的舞台称为"前舞台"，那么三姐妹的"孤岛"则在后舞台，并且两个舞台中间由水作分隔，当戈戈与狄狄穿过舞台中心，走向"孤岛"继续表演的时候，我们能够听到清晰的哗哗水声。

结合林兆华对"第二主题"的推崇，我们需要明晰《三姐妹·等待戈多》中的主题是如何生成且生成为何主题的。细看两部戏剧，有两个前设的主题是明确的——《三姐妹》之"走与不走"以及《等待戈多》之"等待"。而全剧到最后并没有提出第三个新的主题，所以，对"主题"的追溯我们可以驻足于这两处。可见，林兆华所谓"第二主题"在这部以拼贴手法完成的戏中，是指某一部经典剧的主题转化。那么，究竟是哪一部转化了？在林兆华的《戏剧的生命力》一文中，我们可以寻获答案，他指出："因为'等待'，俄罗斯的'三姐妹'与巴黎的'流浪汉'在北京相遇……可以说，把契诃夫戏剧与贝克特的《等待戈多》在思想意蕴上可以通联起来的就是这个'等待'。"

于是，问题又进而产生了。既然《三姐妹》的主题需要加入《等待戈多》的阵营，那么，前者应该进入后者的场域中，熏染并逐步生成自身的第二主题。但是，在该剧中，那些囿于"孤岛"的三姐妹依旧在孤岛上，反复来回跑动，转变自身演员身份的却是《等待戈多》中的戈戈与狄狄。

对《等待戈多》而言，这样独特的拼贴与主题转化运作产生了一个有趣的效果：戈戈与狄狄竟然真正地离开了，他们获得了"走"的行动趋力，他们"走"去了三姐妹的孤岛，在那里，他们似乎又换了一个时空，再度开始自己的"等待"，与三姐妹一起。

戈戈与狄狄的"行走"导致了两部戏剧在"位置"上的靠近与契合，并且实现了"等待"符号的传递。依福柯的话说：在这种位置变化中，两者共同经营起一个全新的世界，而这个世界的打造，必须通过秩序的重建。那么，林兆华所建立的新秩序会是什么？他又是如何重建的？

3.2　语言、思想、身体

林兆华在"秩序"上的重建是从语言开始的,这也是《三姐妹》与《等待戈多》的重要分歧点之一。贝克特在《等待戈多》中不断表现出对语言的反诘、质疑,甚至展现了弃置一隅的姿态,这种种对语言的反抗是经由两种途径完成的,一者是用空洞的对谈自身揭示阐释的无力,二者则依托于舞台文本之肢体表现。例如,戏剧中那些经典的"帽子戏法",戈戈与狄狄活灵活现地即兴调笑片段,"荒诞"与"滑稽"在此处交合,彼此强调。又比如,当狄狄宣称要离开时,贝克特对他"不动"的动作设置(上文已提及)。那些肢体行为本身既有独立作用,又对"语言"造成了解构。

然而,在林兆华的《三姐妹·等待戈多》中,由于《三姐妹》独特的契诃夫式优美言辞,林兆华将多余的肢体行为抛弃了。三姐妹在剧中通常展现的是静止的身体,即便戈戈与狄狄转化为"韦尔希宁中校"与"土旬巴赫中尉"来到她们身边对话,三姐妹依旧直视观众说话,似乎有一位无形的对谈者站立前方。三姐妹与他人的"对话"部分都以"独白"的形式呈现,而她们所处的狭窄的"孤岛"式舞台空间更是不易于走动的。于是,任何较大幅度的动作都被抹去了。甚至是《等待戈多》也侧重于言辞。戈戈与狄狄在着装上就舍弃了"帽子",他们也没有孟京辉版的雨伞、蛋糕、自行车等道具。而林兆华在《等待戈多》中也只留下戈戈与狄狄两个角色,于是,波卓与幸运儿的消失又进一步剔除了肢体动作的戏码。

在肢体行为逐步退隐的同时,"语言"的地位被凸显出来。《等待戈多》中的戈戈与狄狄能迅速地变身为《三姐妹》中的角色,完全依赖台词的转变——他们的服装没有任何变化,也没有换场作为对观众的暗示。他们用"语言"展现自己的身份变化。此外,全剧中有一个特别的"旁白"设置。这位"旁白"担任了叙述者、《三姐妹》中的医生、军官,以及《等待戈多》中的小男孩的角色。他坐于舞台左侧一个高高的梯架上,一束光打在头顶,看不清具体面容,但能分辨出是一个盘坐着"说台词"的人。在《等待戈多》的改编中,林兆华不仅没有让波卓出场,而且也没有让旁白念出波卓的台词。然而,他唯独转用了波卓"救命、救命"一句,并且在剧中重复此句。在重复的同时,戈戈与狄狄正在争吵性的对话过程中,"救命、救命"的呼喊加重了整个剧场的喧闹、压抑的氛围,并且,直接凸显了该"身体"的存在。同样的,"旁白"还屡次借用"医生"的角色说:

"你们走吧,都走了,只留我一人在这里……"①

可见,这是整部剧中一处被遮蔽的身体,而他强调自己"在场"的手段就是——语言。

当"语言"的位置在该戏中被不断突出后,我们不妨进一步留意台词上的改编。《三姐妹·等待戈多》中对《等待戈多》台词有一处很重要的变动,贝克特的原作是:

"弗:叫我思想。

爱:什么?

弗:说:思想,猪!

爱:思想,猪!

[沉默。

弗:我不能!"②

而林兆华版改动为:

"爱:思想猪!

弗:(学猪叫)

爱:思想羊!

弗:(学羊叫)

爱:思想狗!

---

① 根据视频资料听写、整理。
② 萨缪尔·贝克特.贝克特选集 3:等待戈多[M].郭昌京,涂卫群等译,湖南文艺出版社,2006:45.

弗：（学狗叫）

［两人一起大笑。"①

　　我们可以发现，这一处改动不仅是语辞上的，因为这个段落依然浮现了即兴表演的色彩，这与贝克特原作的理念有暗合之处，并且，林兆华通过语言去表现，逗乐观众，这恰好与该剧对语言的专注结合起来。于是，在这样一个有趣而重要的细节变化上，两者体现出理念上的差异。

　　语言、思想、身体——对这三者的关系分辨可以成为该处解读的一个要点。首先，无论是贝克特还是林兆华，"语言"已然是一个重要元素，它提供了一个位置，或者说"宝座"。当我们宣称只有"一个"位置的时候，这一数量的规约标志着"思想"与"身体"的分离，这种分化是与现代派的思想背景相联系的。

　　在贝克特的《等待戈多》中，"我不能"一答已然表现出对"思想"的否定。我们看到贝克特世界中的戈戈与狄狄是拒绝"思想"的，他们认为必须无休止地交谈、讲空话，由此来避免"空隙"，舍去对"思想"有需求的某个"空隙"。并且，在整部《等待戈多》中，唯一展现了"思想"的是幸运儿，当波卓命令他"思想"的时候，他说出了全戏中一长段经典的独白。而在这里，幸运儿的身体与思想也显然是分裂的。幸运儿的身体是受制于他人的——波卓掌控着他的身体，肆意用绳子系住他，给他的行为下达各种指令。在身体被分裂出自身后，"思想"却留在了幸运儿身上，并且占据了"语言"的宝座。于是，我们看到在贝克特那里，"身体"受制的时刻，它就让位给了"思想"。

　　相对的，林兆华对于语言、身体、思想三者的运作有了另一番呈现。贝克特用"思想，猪！"一句时，"猪"是戈戈对狄狄的指称，或者说谩骂。而林兆华用"思想猪！"一句时，"猪"则是戈戈对狄狄命令中要求的"思想"之对象、内容。而狄狄的回馈则是"猪"的叫声，继而随后还有羊狗等的叫声，由此表现出他在戈戈要求下的"思想"行为。可见，此时的"思想"行为其实是由"身体"去表现的。在林兆华的《三姐妹·等待戈多》中，同样是受到制约的"身体"却占用了

---

①　根据视频资料听写、整理。

"语言"提供的位置,直接取代了"思想"的产生。

进而比较贝克特与林兆华在这句对白上的操作,我们会发现前者所表现的"思想"是具有鲜明惰性与钝感力的,它在语流与肢体戏耍中几乎耗尽、消失,它唯一显现自身的时刻是由"受制"的身体主动让位。然而,在林兆华那里,"思想"呈现出活跃的特征,其台词设置肯定了"思想"的力量。于是,我们的关注点从林兆华想要着重突出的"等待"主题转移到了"走与不走"的主题——"要去做"的祈使性话语隐含在整部戏剧的背后。

契诃夫写《三姐妹》本就意在警示那些仅热衷于空谈想法的俄国知识分子,告诫他们要有落实于行动的努力。而林兆华在"等待"主题上的附加,也只是在"三姐妹"之生存状态的描述上多了一笔,最终,他依旧将"速速行动"的呼告留给了"三姐妹"。

3.3 变形,作为一种控诉

其实,"思想猪"一语除了让我们看到语言、身体、思想的关系连结之外,还给我们提供了又一种启示。当林兆华将这句原本不起眼的台词扩展为一整段对白的时候,我们会发现狄狄在戈戈的"命令"下对猪、羊、狗的"思想"模拟是通过"变形"实现的。身体占用了思想的位置,而占用后的"身体"是已然变形的"身体"。

这一"变形"的逻辑不仅存于这个桥段。我们可以将视线转移到《三姐妹》中"戈戈"与"狄狄"扮演的两个人物,他们相对三位姐妹而言更多地展现出思想上的火花。比如韦尔希宁曾说道:

"……不过,实际上,眼前的情形和过去有着多么大的差别!再过不多的时间,大约二三百年吧,人们也会觉得我们现在的生活又可怕又可笑,所有现在的一切都会显得畸形、沉重、很不舒服、十分古怪了。啊,这是肯定的,将来会有什么样的生活,什么样的生活啊!……现在仿佛所有的人都睡着了。那么,我要说:将来会有什么样的生活啊!你们只要想象一下……喏,像你们这样的人目前在这个城里只有三个,可是在以后几代人中间就会多起来,而且越来越多,终于有一天,一切都会变得合乎你们的愿望,大家都会像你们这样生活,然后你们也会衰老,比你们更好的人就会诞生……"①

还有,土旬巴赫也有如下的言论:

"……您笑吧!(对韦尔希宁)莫说过二三百年,就是再过一百万年,生活也仍旧会是原来那样;它恒久不变,永远如此,遵循它自己的规律,而这种规律跟您无关,或者至少您永远也不会理解。那些候鸟,比方说仙鹤吧,它们飞呀飞的,飞个不停,不管它们的头脑里有什么样的思想,高尚的也罢,渺小的也罢,它们总是飞着,而且不知道为什么飞,飞到哪儿去。不管它们当中出现什么样的哲学家,它们始终在飞,将来也还是飞,它们爱怎么谈哲学就怎么谈,可就是得飞……"②

这两位人物都表现出一种启蒙者的姿态,与困居在"孤岛"上的三位姐妹不同。我们看到三位姐妹都依赖于外界而存在,相对而言,两位妹妹都更为期盼离开这里,奔向"莫斯科",她们至少比大姐更先一步开悟,抱有更强烈的离开的热望。但同样的,她们的热望并没有寄托于自己的实践,而是寄托于他人。妹妹玛霞觉得自己爱上了韦尔希宁中校,但最终韦尔希宁中校还是离开了,自行去了莫斯科。妹妹伊莉娜的经历表达得更为清晰,她本不喜欢土旬巴赫男爵,但后来纯属为了让土旬巴赫带她去莫斯科而愿意委身于他,可最后,土旬巴赫竟然在一次偶发的决斗中身亡了。三位姐妹的生活又重新回到黑暗的原点。

在此过程中,不断激荡她们的心绪,不断推进《三姐妹》情节的就是两位军官与三姐妹的对话,在对话中,韦尔希宁与土旬巴赫的许多新异的想法在争论与融合中吸引着三姐妹。然而,这两位"启蒙者"是如何出现的呢?在林兆华的《三姐妹·等待戈多》中,我们看到一个有趣的现象,因为两位"启蒙者"的"扮

---

① 根据视频资料听写、整理。
② 同上注。

演者"正是《等待戈多》中的戈戈与狄狄——两个疯子般的流浪汉,他们在身份转换上没有提供给观众任何先兆,没有换装,也没有换幕。从"流浪汉"到"启蒙者",他们如此平常地在舞台上不断地"变形"。而"变形"后的戈戈与狄狄就突然展现了他们的"思想"。

此外,整部戏中最重要的一处"变形"是由"孤岛"来实现的。雷曼在《后戏剧剧场》中论及剧场身体时说道:"前戏剧剧场中,人们表现身体,而后戏剧剧场中,身体是在经验中表现的。"而三姐妹的剧场身体已然在水中央的舞台空间上经验着孤立无援、茕茕孑立的过程。在剧目行至一半的时候,三位姐妹用长竹竿开始不断击打水面,她们集体蹲下身,分散在"孤岛"的三个边缘,专注地击打出哗哗的水声。这一段戏剧表现强调了三姐妹特殊的舞台位置,以及她们剧场身体当下的处境。这样的处境使得所有语言上表现的行为趋向化为零。实践的可能性被扼杀了,而这种无望与悖论是这三个剧场身体正在经验中的。

在贝克特的《等待戈多》中,狄狄说:"好,走吧",其行为是"不动"。我们在上文中曾从语言/行为分裂的角度讨论过这样的问题,而此处,我们也可以换一个角度讨论,那就是"好,走吧"的述行效应。英国著名的语言学家、哲学家J. L. 奥斯丁曾指出:长期以来哲学家仅以真实与否评判陈述语,这根本没有必要。事实上,有些人在说话时并不以陈述某个事实为目的,也就是说"语言不仅传达信息,而且通过重复已经形成的话语实践,或行事方法完成行为。从这个意义上讲,语言是述行的"。①

这里,贝克特的"好,走吧"以述行的语言功能代替了具体的身体行为。而相对的,在林兆华那里,当三位姐妹不断喊出"走吧,走吧,到莫斯科去"的口号时,她们也是没有行为跟进的,但这种"不动"等同于"动不了"。因为舞台上的"孤岛"设置已然向观众展示了身体所受到的压制。并且,我们可以看到这种"压制"是根源于"外界作用"的。

事实上,这种对"外部世界"的归因早在林兆华的《哈姆雷特》与《赵氏孤儿》中就明确地出现过。林兆华的《哈姆雷特》打破了以往对哈姆雷特的形象

---

① 乔纳森·卡勒.文学理论入门[M].李平译,凤凰传媒出版集团译林出版社,2008:104.

定位,按导演自己的话说,他不再是英雄,"哈姆雷特是我们中间的一个","我们要让他回到我们中间来,作为我们的兄弟和我们自己"。① 而在《赵氏孤儿》中,林兆华依旧延续了这种复归"自我"的主题,他通过赵氏孤儿的遭遇表现出一种"宿命论"的主题,正是在"宿命"的折磨中,孤儿不知何去何从。

我们再回看《三姐妹·等待戈多》,伊莉娜与土旬巴赫在剧中反反复复提到"工作"的话题。起初,伊莉娜就不断要求着要去工作,并对此抱有极大的期盼,而后来她又不喜欢工作,认为工作与她原先的畅想相去甚远,但最终,当剧目快结束的时候,她又开始想去工作,去教书了。这个与"工作"相关的话题过程性、循环性地在剧中出现,成为重要的线索之一。然而,我们可以看到"工作"对伊莉娜而言似乎是摆脱当下处境的又一种方式,并且,结合《等待戈多》,我们可以看到这种方式意味着对生活"空隙"的补白。"工作"挤走了"思想"的空间,让"思想"不再有机会折磨自己。而且,工作"挤走"思想的方式是由身体的"变形"获得的。可见,"变形"依旧是在外部世界的压迫下生成的。

此外,林兆华还在剧末向观众展示了"外部世界"打破的可能性。《三姐妹·等待戈多》的结束是通由那个被遮蔽的身体——"旁白"来实现的。"旁白"从自己舞台一角的高位上走下来,来到舞台中央用一块大木板架在水上,连接起《三姐妹》与《等待戈多》的舞台,并且踏上木板由舞台正中向舞台后方走去。于是,我们看到这场戏剧中"最完整"的身体打破了外部世界的压制,这是唯一一个没有被变形的剧场身体。他从遮蔽、隐遁中显露了自身。由此,我们更进一步地看到剧作中"外部世界"的重要地位。而对该世界的凸显恰好体现了一种"控诉"的态度。

第四章　被消解的身体:李然之《等到戈多》(2004)

4.1　多重剧场空间的构建

孟京辉的《等待戈多》为我们预设了一个可能出现的"实体性"戈多,继而

---

① 周文.中国先锋戏剧批评[M].中国广播电视出版社,2009:31.

在林兆华的《三姐妹·等待戈多》中，我们又看到了"变形"的可能。于是在李然的《等到戈多》中，"戈多"真正到来了，他以不同的性别，不同的身份、面孔到来了。

在这个"等到"的版本中，"戈戈"与"狄狄"多了一重身份——演员。他们不再是那两个我们耳熟能详的"流浪汉"了，他们是"劳动者"，他们工作于一家主题游乐园，以"扮演戈戈与狄狄"的方式生活着。而"戈多"的突然到来让他们不知所措，直至痛下杀手。在这样一个精心构建、备受好评的改编版本中，我们却能看到一处疑难、一个逻辑上的漏洞——"戈戈"与"狄狄"为何要杀死"戈多"？

第一位男性"戈多"出现的时候，戈戈与狄狄怀疑他是否是演员，"戈多"没有正面回答他们的话，并对"演员"这一身份表示不解。戈戈与狄狄进而认为"戈多"使得他们的"等待"失去了意义，又或者说，让他们无法继续"等待"了，这就剥夺了他们的工作，让他们无法生存。所以，他们不得不杀死这个"戈多"。这就是李然给出的逻辑线索。要进一步分析戈戈与狄狄杀死戈多的原因，我们不妨先从剧场空间的布置入手。李然设计的这个剧场空间牵涉戏中戏的成分，并由此使其更为多重，我们且用下图表示。

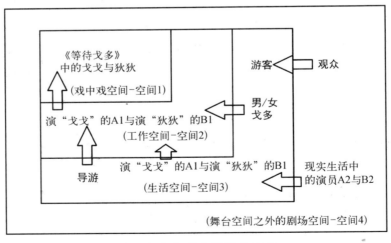

图　李然戏剧空间构成形式

在上图中，划分了四重剧场空间：

空间1：《等待戈多》一剧。戈戈（A）与狄狄（B）在等待戈多。

空间2：扮演"戈戈"的A1与扮演"狄狄"的B1，他们处于舞台上所展现的"工作空间"，他们在主题游乐园的舞台上负责演出工作。

空间3：他们处于舞台上所展现的"生活空间"，他们是演"戈戈"的A1与演"狄狄"的B1。在这个空间中，主题游乐园中的游客们可以自如地走动、观赏"舞台"上演员们的演出。

空间4：李然之《等到戈多》的观众们。他们在除去舞台之外的剧场空间中，现实生活中的演员A2与B2存于这个空间，他们负责出演李然编导的话剧。

于是，我们可以进一步分析戈戈与狄狄"演不下去"的原因。这个结果首先是由"戈多"的出现引发的。那么，对于这位"戈多"，我们必须有明确的定位。这个"戈多"等同于空间1中那位《等待戈多》中的"戈多"吗？又或者，这位"戈多"是空间3这一舞台上"生活空间"中的一位"真实"人物？

如果我们的第一个假设是正确的，那么这就是一部倾向于"玄幻类"的作品。然而，剧作者对戏中戏的设定让我们看到：戈戈与狄狄不再是贝克特笔下的荒诞世界中的人物了，他们是最为平凡普通的劳动者，与台下众人相差无几。他们以"演员"的身份，凭借一己之力养家糊口。剧作者在这里的改编处理显然更偏向于现实主义。因而，这一假设不是很恰当。

那么，第二个假设是否正确呢？我们可以看到，如果"戈多"是舞台上"生活空间"中的一个人物，他从"游客"中走出来，干扰了戈戈与狄狄的演出活动。那么，我们按照平常的逻辑可以将其推论为某种巧合的设置，又或者是有人刻意捉弄作为"演员"的戈戈与狄狄。由此，如果"戈多"真如戈戈与狄狄所言，会消解两人的"等待"行为，那么，唯一的可能是这位"戈多"将同样以"演员"的身份上场参与《等待戈多》的演出。而事实是，这位"戈多"并没有明确的自我意识，他甚至不明白"演员"是什么。此外，哪怕是他上场参与"演出"，这只会变更原先《等待戈多》的剧情，其结果并不会取代戈戈与狄狄的演出位置。这也就是说："戈多"的出现并没有提供给戈戈与狄狄一个正当的杀死他的理由。

在李然的《等到戈多》中，戈戈与狄狄对"戈多"的谋杀行为是毫无逻辑依据可言的。在空间3这一"生活空间"的场域中，我们甚至可以将戈戈与狄狄的"扮演者"看作是两个疯子，他们莫名其妙地杀死了一个陌生人。

并且，如果进一步分析这部戏剧中的《等待戈多》之"戈戈"与"狄狄"，你不难发现他们与贝克特原作最大的不同是——戈戈与狄狄的"等待"不再包含"期望"。在游乐园舞台上，这场戏刚开始的时候即明确了"戈多"的不可能现身。戈戈与狄狄只是舞台上的角色，两位扮演者都知道该戏的结局，因而，他们也不可能存在等待的"对象"。"生活空间"中"戈多"的出现已然让他们精神恍惚了，他们痛下杀手的反应完全是基于"戏剧"与"生活"的重合。

4.2　身体的消解

正是在"工作空间"中，戈戈与狄狄完成了戏剧与生活的中和。这个空间体现出一种独特的交汇性——"戏剧"、"工作"、"生活"在这里相遇了。我们看到对于戈戈与狄狄而言，空间1、空间2与空间3的定位并不是截然分开的。李然没有设置特殊的划分信号，让观众明确戈戈与狄狄何时在"戏"中，何时在"戏"外。我们可以留心导演设计的一处"转化点"：

"（两人各找个地方坐下，没话说，无聊。爱抽烟，打火机不亮。沉默，无聊中）

（突然，二人恢复到开场时的状态）

爱斯特拉冈：（又开始费力地脱靴子）一点办法都没有！！

弗拉基米尔：（突然坐起身）我开始拿定主意，我这辈子老是拿不定主意，老是说，弗拉基米尔，要理智些，你还不曾什么都试过哩。于是，我决定要继续奋斗。（很振作地说完，然后很满意地又躺下）"①

这里并没有特殊的舞台动作与语言表示，确实，一切发生得"突然"，以至于观众尚且无法辨明他们的角色身份。可见，空间1与空间2是交错的，在《等到

---

① 根据视频资料听写、整理。

戈多》中分界不够明晰，另一方面，空间 2 与空间 3 也是如此。我们几乎无法从剧中看到戈戈与狄狄在"游客"空间存在的身影。他们的工作就等同于他们的生活，在"工作空间"（空间 2）中，他们不仅可以反复背诵《等到戈多》的台词，而且可以闲谈家中短长、社会问题。此外，我们可以专注于他们初见"戈多"时的交谈：

> "爱斯特拉冈：闭嘴！你不是戈多，你怎么可能是戈多呢？如果你是戈多，那么，我们是什么？
>
> ……
>
> 爱斯特拉冈：那我们是什么？你来了，我们就什么都不是了！！
>
> 男：我听不懂！
>
> 爱斯特拉冈、弗拉基米尔：（立在前台）其实，我是一个演员。我饰演的角色是爱斯特拉冈/弗拉基米尔。
>
> 爱斯特拉冈：（向戈多）你明白吗？我和弗拉基米尔是在等待戈多的人，只有等待，我们的存在才有意义！"①

　　当戈戈与狄狄提出"你怎么可能是戈多"的疑问时，他们的身份尚且是戈戈与狄狄的扮演者，是空间 2、3 中的人物，而当他们进一步说明"你明白吗？我和弗拉基米尔是等待戈多的人，只有等待，我们的存在才有意义！"，戈戈与狄狄又入"戏"了。在这里，空间 1、2、3 同时交合于一处。

　　于是我们看到，李然通过《等到戈多》又对"等待"这一概念有了新的解释。在这部戏剧中，"等待"拥有前/后设两种不同的解释。对于"等待"的前设解释是："等待"被转义为"生活"。这也较为符合贝克特《等待戈多》的原初意义。"等待"被描绘为生活本真的一种状态，不来不去，庸常甚至无聊，意义在其中完全消解了。而李然在"戏剧"、"工作"、"生活"三种空间的交汇中，也表达出了这一点。

　　另一方面，"等待"的后设解释出现于"戈多"被杀死之后。第二位女性"戈

---

　　①　根据视频资料听写、整理。

多"出现的时候向戈戈与狄狄反问："你们这下走得了?"这里,李然设置的第二个关于"等待"的解释是——戈戈与狄狄既然将戈多的尸体藏于"等待"之处,他们就必须守住埋尸地点,以防被人发觉而治罪。于是,这第二个解释又将戈戈与狄狄推入空间2、3之中,他们又身在"戏"外了。由此,"戈多"的身份问题必须再度进入讨论的范围。

相比"等待"的含义,其实李然的《等到戈多》已然将注意力偏向于"戈多"了,这是该剧与孟京辉、林兆华不同的地方。李然让"戈多"在戏剧开场没多久就现身,并且开始讨论"戈多"出现后,戈戈与狄狄如何面对、处理的问题。

那么,在李然那里,"戈多"究竟是谁呢? 第一位出现的男戈多——他不知"演员"为何物,只是知道冥冥中有戈戈与狄狄二人在等候着他,他则也需要主动寻找到他俩,李然在其身上投入了较多神秘性。而在第二位女性戈多那里,李然的处理是更为反讽的,其反击与讽刺的正是当下社会现实。女性戈多是"国际荒诞派研究会专职常务副主席,国际荒诞派集团大中华地区首席执行官兼首席财政官",此处现实批判性明显。由此,我们可以看到李然已然消解了"戈多"的意义。这个符号空白以能指的形式存在,李然让我们都打消了某种讨论与追寻的态度和渴望。

但是,在剧末,他又使这个问题凸显了出来。当"贝克特"一角大喊着他找到了"戈多"的时候,舞台上出现了一面正对观众的镜子,全场结束。这个处理似乎再度试图回答"戈多是谁"的问题。而导演此举的解答类似于林兆华在《哈姆雷特》中的设置——人人都是戈多,戈多就是我们每个人自己。然而此时,舞台上出现的是作为观众之一的、普通人的一个"映像"。那么,对于这样一个以"映像"形式存在的"戈多",李然对他的定位是怎样的呢? 这需要我们重新回溯该剧中的一些细节处理。

首先,"戈多"的"结局"在全剧中重复出现了两次。两位戈多都以死亡告终。可见,这是李然对任何一位"戈多"之结局的设定,其普适性很明确。那么,对于这样一个镜中映像,我们也确实可以看到任何对其附加身体质料的努力都是徒劳的,因为,最终他要迎接的都是"死亡"的降临。

另一方面,李然对台词的设置中,有一处与贝克特的版本出现本质上的差异。

> "爱斯特拉冈：要我找个话题？很简单。比如说……你爹娘好吗？
>
> 弗拉基米尔：关你什么事？
>
> 爱斯特拉冈：那，你的家庭幸福吗？
>
> 弗拉基米尔：你想怎么样？
>
> 爱斯特拉冈：你身体好吗？
>
> 弗拉基米尔：你丫是大夫啊？
>
> 爱斯特拉冈：好好好。（开始飙日语，意思就是骂对方莫名其妙）
>
> 弗拉基米尔：说人话！欺负我听不懂！
>
> 爱斯特拉冈：你……你的态度有问题，这样下去，咱们怎么交流啊？
>
> 弗拉基米尔：交流个屁！我累了，要休息，不想说话，主要是不想说废话！（翻身向里）"①

我们再看贝克特的台词：

> "爱：在你还不能把我杀死的时候，让咱们设法平心静气地谈话，既然咱们没法默不做声。
>
> 弗：你说得对，咱们不知疲倦。
>
> 爱：这样咱们就可以不思想。"②

贝克特在暗示"交流"之不可能的时候，李然却为这种不可能性找到了一个缘由——"态度"。似乎纠正了"态度"，交流就有了希望。于是，当贝克特将人们日常所谈都归类于"废话"的时候，我们明白这就是张载在《正蒙》中所言的："两不立则一不可用，一不见而两之用息。"对贝克特而言，废话与非废话——两

---

① 根据视频资料听写、整理。

② 萨缪尔·贝克特.贝克特选集3：等待戈多[M].郭昌京,涂卫群等译,湖南文艺出版社,2006：17.

个概念的提出最终是归合于"废话"一义,人们是被抛掷到这个世界中的,这个被贝克特竭力描绘出的戏剧之世界才是最本真的世界,它揭露给我们看我们语言的无力。然而,李然却明晰了"废话"与"非废话"的界限。他设定的戈戈与狄狄明确地表示"不想说废话",而且觉得累了,想休息,不要继续"说话"与"交流"。但是,在贝克特那里,"休息"却是戈戈与狄狄万万不要的,因为"休息"意味着时间的空隙,意味着给"思想"留出缝隙,那对他们而言是更为折磨人的。

于是,我们看到,林兆华将"身体"置于外部世界的重重压制下,而李然则将"身体"推回我们自己这里,让它在"自我意识"的控制中最终选择了死亡。当李然表示我们每个人都是"戈多"的时候,戈戈与狄狄的扮演者也不例外,而他们杀死戈多的同时,也杀了自己。李然在全剧最后所呈现的是身体的自戕性。

自戕的身体是在一个独异空间的包裹中存在的。布鲁克就曾在他的著名戏剧《马拉/萨德》中构建了这样一个独异的空间。这出戏是在三个空间层次上完成的——剧场里,当下的观众在看戏;舞台上的疯人院里,萨德在导戏,拿破仑时代的人们在看戏;萨德所导之戏中马拉的家里,疯子们扮演马拉,演出马拉被刺。疯人院的病人们演出马拉被刺,自然极具有荒诞色彩,他们甚至扑向了台下的观众,而戏中戏的另一批观众时刻提醒着大家,我们确实在"看戏"。我们甚至通过戏中戏看到了"自己"的丑态与痴傻。作为一个真正有意识的"融合者",布鲁克让我们看到了布莱希特与阿尔托之间最精华的交汇,他用一个独特空间中的"疯子"来展现真实。

但李然却用一个"现实"的世界展现两个"疯子"的举动,当然,更重要的是这两部戏同样体现出"间离"的意识。但不同的是,两部"戏中戏"的结构因内容的不同而产生了相异的"间离"效果。对于李然的《等到戈多》,我们之前已经论及几个空间的重叠、不分明,因而所谓的"戏中戏"结构是较为粗糙的,我们无法定位其为传统的"戏中戏"结构,但"叙述者"的出场却是"间离"的重要标志。那么,"导游"是否可以替代"叙述者"的位置呢?

答案是否定的。因为,"导游"虽然指出戈戈与狄狄是在演出《等待戈多》一剧,但他同时也指出戈戈与狄狄是主题游乐园的工作者。在这种情况下,本应暗示的在场观众之"观众"身份转移了。所有"观众"被定位为该主题游乐园的"游客"身份。如果我们借用那个传统的"镜框式舞台"的称呼，可以说此刻的观众已然被拉入"镜框"中，扮演起空间3，即舞台上生活空间中的角色来。因而，这里看似"间离"的手段其实又反过来打破了"间离"，于是，我们又能更进一步，更清晰地看到剧场身体在该戏中的消解。

第五章 结语

相对早期先锋戏剧人规约下的剧场身体，孟京辉则赋予其自在性。比较贝克特版与孟版的多处细微差异，我们可以从施加于剧场身体的"暴力"方式、演员服装设计、剧末"破窗"的环节等处看到身体自在性的凸显。然而，这里的"自在性"是囿于不同个体内部的。与贝克特不同的是，孟京辉未将"语言/行动"作分裂处理，它们是完整合一的，而在戈戈与狄狄的设置上，其各自性格的独特性被放大了，更为绝对化。于是，我们得到的是一个完整而封闭的自在性剧场身体。正因为如此，它就具备了"繁殖"的可能。

孟京辉全剧中随处可见的"倒置"隐喻了一场对"父亲"的选择。他用黑白世界、雨伞游戏代替帽子戏法等向贝克特之前的卓别林致敬。而这次有意味的仿效行为也应和了剧中不断出现的"繁殖"主题。他特意布置的作为剧场空间的"房间"，为实体性身体的生成提供了一处母体。处于"房间"正中央的"门"在灯光打入、演员上下场的轮番设置中不断牵引出观众对一个实体性身体进场的"期待"。于是，一个囿于实体的自在性身体被繁殖了出来。

孟京辉对剧场身体的自在化实体化为林兆华的"变形"操作提供了可能性。通过分析林兆华在"思想猪"这段台词上的改编，我们能看到林兆华与贝克特的一大差异。贝克特将"语言、身体、思想"三者分立起来，且互为矛盾。而在林兆华剧中，这三者是统一且都具有意义的。正因为如此，林兆华可以通过剧情编排、舞台设置让"身体"进行"变形"，从而使"思想"也受到扭曲、压制。然而，林兆华最终将"变形"的罪因加之于"外部世界"。

当李然最终等"到"戈多的时候，中国舞台上的《等待戈多》由"等待"走向了"戈多"。贝克特的戈多世界由"废话"组成,而李然的剧本中指出"废话/非废话"两者,并说明影响两者的原因在于一个人的"态度"。可见,当林兆华将剧场身体置于外部世界的压制时,李然之剧场身体复归到我们自身,成为"主体意识"可操作的对象。而细看剧中两位"戈多"的设置,以及剧末"镜子"的隐喻义,我们不难看出"戈多"呈现出"自戕性"的特征,其意义逐渐被消解。

此外,通过四重空间的分析,我们可以看到剧中"杀死戈多"这一情节的设置其实是不合理的,"戏剧空间"与"生活空间"重合在一起,而看似"戏中戏"的间离设置其实不同于传统的戏中戏。李然最终将剧场身体之一的"观众身体"也拖入了戏中,使得剧场身体得到更进一步的消解。

从曾一度"动作化"的身体、自在性、实体化的身体、变形的身体直到最后的消解,我们可以通过中国戏剧者对《等待戈多》的改编看到导演们对"剧场身体"的理解与改造。

附录二： 当代先锋戏剧史重要剧目一览

阶段一：20世纪80年代初（1979—1980年）

年　份	剧 目 及 导 演	特　　　点
1979	《我们为什么死了》谢民	融入故事剧、街头剧手法，有旁白、积木式布景
1980	《屋外有热流》苏乐慈	中国国画、古诗词、意识流、荒诞、鬼魂
	《原子与爱情》未知	电影蒙太奇手法
	《灵与肉》未知	歌、舞、音乐、拳击、服装表演

阶段二：20世纪80年代上半年（1982—1986年）

年　份	剧 目 及 导 演	特　　　点
1982	《母亲的歌》胡伟民	开放式舞台（舞台在中心，观众围坐四周）
1985	《魔方》（上海）王晓鹰	主持人出入剧情 辐射式的立体结构 多主题、泛主题
	《WM 我们》（上海）王贵	诗化的戏剧 春夏秋冬四章 形体与色块的舞台语汇

阶段三：20 世纪 80 年代下半年（1986—1987 年）

年　份	剧 目 及 导 演	特　　　点
1987	《屋里的猫头鹰》张献	弗洛伊德式、孤独感 观众戴面具、斗篷入场 剧中鼓动观众上台打女主角 剧本像诗歌、散文
	《犀牛》、《士兵的故事》、《大神布朗》牟森	轻剧本、故事、语言 重形体、剧场性

阶段四：20 世纪 90 年代

年　份	剧 目 及 导 演	特　　　点
20 世纪 90 年代初	《哈姆雷特》、《三姐妹·等待戈多》、《理查三世》林兆华	《哈姆雷特》角色互换，解构，突出"人人都是哈姆雷特"，陌生化手法
	《关于〈彼岸〉的汉语语法讨论》牟森	重形体动作、分离开的语言
	《零档案》牟森	根据于坚的长诗改编，业余演员，各自诉说自己的故事，即兴表演
1994	《与艾滋有关》牟森	类似《零档案》，即兴表演，业余演员在舞台上现场聊天 演员中有金星，聊天内容涉及对变性人、性心理、童年阴影等诸多私隐话题的看法 更像是演员们在做心理治疗
1995	《红鲱鱼》、《黄花》牟森	（无相关资料）
1997	《倾述》牟森	类似《零档案》
1991— 1998	《秃头歌女》、《等待戈多》、《思凡》、《阳台》、《我爱＊＊＊》、《沃伊采克》孟京辉	荒诞派作品
1999	《坏话一条街》、《一个无政府主义者的死亡》、《恋爱的犀牛》、《盗版浮士德》孟京辉	孟京辉去了日本四年，开始注重与大众交流。"我必须要和所有人接触。"——孟京辉言。

阶段五：2000—2011 年

导 演	作 品	相 关 资 料
赵川 （上海）	《小社会》、《鲁迅二零零八》、《蹲》、《狂人故事》、《38 线游戏》	• 曾为旅澳作家，出版小说散文著作 • 2005 年在上海创立戏剧团体"草台班"，致力于推动新的社会剧场运动 • 草台班文化站，邀请各国戏剧、文化人开展公益讲座
康赫	《审问记》、《采访记》、《泄密的心》、《受诱惑的女人》、《陌生人》	• 作家，曾出版小说一部，《受诱惑的女人》为小说中片断截取后的改编作品 • 提出"偏离空间"的概念
顾雷	2001 年《沃伊采克》（大戏节） 2003 年《瞎子与瘸子》 《最卑贱的职业——擦屁股的》取材于外国民间故事 《拉斯科尼可夫》改编于俄国小说《罪与罚》 《告别无羁的长夜》、《等待戈多》、《海与阳伞》 2009 年《十个人的夜晚》	• 大戏节中脱颖而出的导演 • 现为电影频道制片人 • 崇拜林兆华
何雨繁	《Pour》、《Pour2》、《他》、《我说》、《但愿》、《8008》 2011 年《卡里古拉的月亮》	• 饭剧团创始人，现任剧团的艺术总监及主要编导之一 • 多元剧场（身体、道具、空间、画面、声音） • 被田沁鑫派往国外学习的青年导演之一
黄盈	2003 年改编/导演话剧《四川好人》 2006 年幕表/编剧/导演《枣树》 2006 年导演话剧《天使》 2007 年联合编剧/导演《未完待续》 2007 年编剧/导演《两个人的法式晚餐》 2008 年编剧/导演《西游记》 2009 年编剧/导演《卤煮》 2009 年联合编剧/导演《马前马前！》 2010 年编剧/导演《搜神记》 2010 年编剧/导演《Bravo! 咸鱼。伟大的生活》（《疯狂 KTV》） 2010 年联合编剧/导演《当司马 Ta 遇见韩寒》 2011 年编剧/导演话剧《都》；改编/导演《黄粱一梦》	• 提出"新国剧" • 从莎士比亚到"北京三部曲"，从形体戏剧到音乐剧，从环境戏剧到不插电露天演出，从中国戏曲元素到古希腊面具，作品不断变化，享有"一戏一格"的美誉

导　演	作　品	相关资料
李凝	剧场作品： 2000 年《j 城生活日志》 2001 年《梦·绳索·鸟蛋》 2004 年《准备》 2005 年《棉被 7 日谈（弹）》 2006 年《抽屉》 2008 年《胶带》 特定场景的表演作品：（Site specifical works） 2005 年《昭示（Fable）》 2007 年《临界（Crisis）》	● 肢体剧、实验电影、喜用非职业演员 ● 1997 年成立自己的肢体艺术团体"凌云焰"
李建军	2012 年《狂人日记》入围东京国际剧场节	● （相关资料缺失）
裴奎山	改编斯特林堡的《一出梦的戏剧》 2010 年改编品特的《回家》	● 虚戈剧社创建人 ● 其创作专注于从"我"出发建立经典与现实的联系 ● 《一出梦的戏剧》曾获邀参加 2009 独立戏剧展和世博京港沪三城戏剧展
赵淼	改编《伊库斯》 《2008 罗密欧与朱丽叶》 《东游记》、《达人未爱狂想曲》、《6：3 黑故事》、《壹光年》	● 肢体剧 ● 三拓旗剧团创建人 ● 其创作深受法国戏剧大师雅克·勒考克的戏剧观念和方法影响
邵泽辉	《在变老之前远去》、《海宝》、《太阳·弑》	● 1999 年毕业于北京大学信息管理系，2004 年毕业于中央戏剧学院导演系 ● 改编经典、原创新作、贺岁喜剧、跨界实验、儿童剧 ● 2008 年起参与策划并组织"北京青年戏剧节"

主要参考文献

陈永国：《视觉文化研究读本》，北京大学出版社，2009年版。

贡布里希：《艺术的故事》，范景中、杨成凯译，广西美术出版社，2008年版。

马克·盖特雷恩：《与艺术相伴》，王滢译，后浪出版公司，2014年版。

Fredric Jameson：《后现代主义与文化理论》，唐小兵译，北京大学出版社，1997年版。

苏珊·桑塔格：《论摄影》，黄灿然译，上海译文出版社，2010年版。

W. J. T. 米歇尔：《图像学——形象，文本，意识形态》，陈永国译，北京大学出版社，2012年版。

朱迪斯·巴特勒：《性别麻烦——女性主义与身份的颠覆》，宋素凤译，上海三联书店，2009年版。

叶舒宪：《神话—原型批评》，陕西师范大学出版社，2011年版。

张岩冰：《女权主义文论》，山东教育出版社，1998年版。

米歇尔·福柯：《疯癫与文明》，刘北成、杨远婴译，生活·读书·新知三联书店，2003年版。

阿雷恩·鲍尔德温等：《文化研究导论》，陶东风等译，高等教育出版社,2004 年版。

斯道雷:《文化理论与大众文化导论》,常江译,北京大学出版社,2010年版。

汪民安:《文化研究关键词》,江苏人民出版社,2007 年版。

赵一凡:《西方文论关键词》,外语教学与研究出版社,2006 年版。

孙惠柱:《第四堵墙——戏剧的结构与解构》,上海书店,2006 年版。

汉斯·蒂斯·雷曼:《后戏剧剧场》,李亦男译,北京大学出版社,2010年版。

陈吉德:《中国当代先锋戏剧 1979—2000》,中国戏剧出版社,2004 年版。

周文:《中国先锋戏剧批评》,中国广播电视出版社,2009 年版。

孟京辉:《先锋戏剧档案》,作家出版社,2000 年版。

孟京辉:《新锐戏剧档案》,作家出版社,2011 年版。

孟京辉:《孟京辉先锋戏剧档案》,新星出版社,2010 年版。

田沁鑫:《田沁鑫的戏剧本》,北京大学出版社,2010 年版。

Jerry M. Burger:《人格心理学》,陈会昌等译,中国轻工业出版社,2010年版。

特雷·伊格尔顿:《二十世纪西方文学理论》,伍晓明译,北京大学出版社,2007 年版。

J. G. 弗雷泽:《金枝》,汪培基等译,商务印书馆,2013 年版。